엄마 교과서

Thanks To

엄마가, 아내가, 딸이, 며느리가 무슨 일을 하는지 모를 정도로 '무한지지'를 함으로써
신비주의를 지속하며 엄마로 살게 해 준 동거인들에게 감사를,
무엇보다 나의 수호천사 엄마께 깊은 감사와 사랑을 보낸다.

엄마 교과서
© 신여윤, 2022

1판 1쇄 펴낸날 2022년 2월 15일

지은이 신여윤 | **일러스트** 마타
총괄 이정욱 | **편집·마케팅** 이지선·이정아 | **디자인** 조현자
펴낸이 이은영 | **펴낸곳** 도트북
등록 2020년 7월 9일(제25100-2020-000043호)
주소 서울시 노원구 동일로 242길 88 상가 2F
전화 02-933-8050
팩스 02-933-8052
전자우편 reddot2019@naver.com
블로그 blog.naver.com/reddot2019 | **인스타** @_dot_book_
ISBN 979-11-971956-9-3 03370

엄 마
교 과 서

신여윤 지음

노트북

오리엔테이션

초등학생 자녀를 둔 부모를 위한 엄마 수업,
건강하고 행복하게 자녀와의 관계 만들기

●○○○○

안녕하세요. 건강하고 행복한 자녀와의 관계를 위한 첫걸음, 엄마 수업에 오신 것을 열렬히 환영합니다!

지금부터 엄마 수업 오리엔테이션을 시작하겠습니다.

저는 육아에 무한한 관심을 가지고 엄마로서 충실하게 역할을 수행하기 위해 노력하며 진로, 심리정서, 인성, 직업, 인간관계 등을 주제로 아이들과 부모를 현장에서 만나고 있는 강사 여유입니다. 이렇게 만나게 되어 정말 반갑습니다!

전 교육학을 전공하지는 않았지만, 건강한 육아를 위해 또 좋은 엄마가 되기 위해 오랫동안 고민하며 공부해왔어요. 덕분에 많은 흔들림을 이겨내고 육아에 대한 소신을 갖게 되었지요. 지금은 여러 곳에서 강의를 하며 현장에서 엄마들의 목소리를 듣고, 아이들과 함께 고민과 희망을 나누며 살아가고 있습니다. 지금도 여전히 배워가는 과정이지만, 지금까지 만난 엄마들이 육아에 대한 고민을 딛고 성장해가는 모습을 지켜보면서 지금까지의 경험을 더 많은 엄마들과 나누면 좋겠다는 생각이 들었어요. 그래서 이렇게 엄마 수업을 위한 《엄마 교과서》를 만들게 되었답니다.

이 책의 엄마 수업은 초등학생 자녀를 둔 부모를 위한 것입니다. 이 수업을 듣고자 하는 분들은 아마 수많은 정보 속에서 흔들리면서도 육아에 대한 소신을 갖고자 하는 엄마들이겠지요. 저는 여러분과 막 편히 육아에 대한 고민을 나누는 옆집 언니이고 싶고, 여러분이 자신의 인생에 관심을 갖고 성장하는 데 도움을 주는 멘토이고 싶어요. 지나고 보니 육아(育兒 : 아이를 기름)이기 이전에 육아(育我 : 나를 기름)더라고요. 아이도 처음이지만 부모 역시 처음이기 때문이죠.

그래서 제가 강의의 중심으로 삼고 있는 것은 '육아(育兒)는 육아(育我)'라는 것입니다. 서툴고 어설픈 초보 부모이기에 아이와 함께 성장한다는 것이죠. 부모교육이나 관련 강연을 하시는 분들이 하나같이 말하는 게 바로 아이와 함께 크는 것을 느낀다는 거예요.

● ● ○ ○ ○

"오늘 마음날씨 어떠세요?"
"요즘 가장 큰 고민은 무엇인가요?"
"저와의 시간을 통해서 얻고자 하는 건 무엇인가요?"

이 질문은 강의 현장에서 엄마들을 만날 때 제가 처음 화두로 꺼내는 이야기입니다. 이 수업에 참여한 여러분께도 같은 질문을 던져봅니다. 여러분은 이 질문에 어떤 답을 할지 궁금하네요.

앞서 말했듯, 거창한 비전이나 미래에 대한 큰 그림을 제시하기 위해 《엄마 교과서》를 기획한 건 아니에요. 다만 이 수업을 통해 엄마 역할을 해내기 위해 애쓰는 많은 분에게 초등 자녀를 위한 육아 노하우 몇 가지는 확실히 알려드릴 거예요. 《엄마 교과서》에는 제가 아이들을 키우며 뿌듯했거나 힘들었던 경험, 교육의 장에서 아이들 또는 어머니들과 나누었던 현장의 생생한 경험을 담았어요. 또한 오프라인으로 프로그램에 참여할 시간이 없는 바쁜 부모님들이 《엄마 교과서》를 통해 아이들과 함께 활동할 수 있도록 구성했습니다.

● ● ● ○

앞으로 진행될 엄마 수업의 전체 개요를 먼저 말씀드릴게요.

2교시에는 '긍정 확언'을 통해 엄마들의 마음을 챙길 거예요. 모든 것은 마음이 하는 일이라고 하잖아요. 자신을 잘 들여다보고, 알아차리고, 쉬게 해야만 우리의 마음을 다스릴 수 있습니다. 긍정 확언으로 마음을 챙기고 나면 이후 수업을 보다 더 편안한 상태에서 참여하실 수 있을 거예요.

3교시에는 '관계 나들이'를 떠나볼 거예요. 삶의 90%는 관계라고 말하는 학자도 있지요. 조사 결과에도 있듯이 청소년, 성인 할 것 없이 늘 관계의 문제는 고민거리 순위의 상위에 랭크되어 있어요. 이 고민거리를 해결하기 위해서는 소통하고 행동하고 성장하는 관계를 맺어야 합니다. 이 수업을 통해 자신과의 관계, 자녀를 포함한 타인과의 관계, 나아가 사회, 세계와의 관계를 잘 맺는 방법에 대해 알 수 있을 거예요.

4교시는 '감정코칭' 수업입니다. 감정은 우리의 표정에서 가장 먼저 드러나지요. 표정을 통해 감정을 이해하면 타인과의 관계도 원활해지고 아이디어도 풍성해집니다. 평화로운 언어를 사용하여 관계를 회복하는 과정까지 이 수업에서 다뤄 볼 거예요.

5교시는 '북극성'을 찾아가는 진로 수업이에요. 요즈음은 학교 커리큘럼에 진로 수업이 포함될 정도로 중요한 부분입니다. 진로는 말 그대로 '나아갈 길'을 뜻하지요. 자녀들의 진로뿐만이 아니라 엄마들의 진로도 함께 생각해 봐야 해요. 아이가 자신의 길을 찾아가듯이 엄마도 앞으로 가야 할 자기만의 길을 찾아야 하니까요. 진로를 찾기 위해서는 '자기 이해'가 우선해야 해요. 흥미와 강점, 가치관 등 간이검사를 통해 보다 더 객관적이고 구체적으로 자신을 알고 이해할 수 있도록 도울 거예요.

6교시는 직업의 세계를 탐색하는 '알쓸신JOB' 수업입니다. 우리 아이들이 살아갈 시대에는 적어도 직업을 5~6개는 갖게 된다고 하지요. 그렇다면 무조건 한 우물만 파는 아이에게 박수를 보내거나 한 직장에서만 근속하는 걸 존경하는 시대는 지나갈 거예요. 변화하고 있는 시대에 일과 직업이란 과연 무엇인지 깊이 있게 알아보고, 미래에는 어떤 직업이 생겨나고 사랑받을지 생각해 볼 거예요.

마지막 7교시에는 '부모와 자녀 관계'를 살펴봅니다. 내 자녀와의 바람직한 관계를 맺기 위해서는 건강한 거리감을 가져야만 하지요. 그래야만 부모와 자녀 사이에 건강한 균형감이 유지됩니다. 또 부드럽고 평화로운 언어로 질문을 하고 답하는 과정을 통해 관계는 더욱 발전하게 될 거예요.

●●●●

'우문현답'이 무슨 뜻인지 아세요? 저는 이렇게 풀이합니다.

'**우**리들의 **문**제는 **현**장에 **답**이 있다!'

여유의 낱말 사전에 있는 뜻풀이입니다. 때로 엄마들은 육아와 소통에 지치기도 하지만, 우리가 발 딛고 있는 이 현장에 답은 분명히 있습니다. 엄마라면 누구나 할 수 있어요. 그저 하루하루 꾸준하게 답을 찾아가는 걸음을 걸으면 되지요. 혼자가 힘들면 둘이, 둘이 힘들면 셋이서 함께 나누고 위로하면서요.

"나는 답을 찾을 것이다. 늘 그랬듯이…."

영화 『인터스텔라』에 나온 글귀입니다. 모쪼록 저와 같은 이 땅의 모든 엄마들이 건강하고 행복한 육아(育兒)와 육아(育我)를 하시기 바랍니다. 각자의 색과 결대로 엄마가 자녀의 사람 교과서로서 굳건하게 자리하시길 바랍니다. 그리고 그 모든 걸음에 이 《엄마 교과서》가 위로와 희망이 되길 바랍니다.

긍정 확언

나의 마음을 챙기는 긍정 확언으로
하루를 시작하는 의미 있는 루틴 만들기

"나는 책 읽는 사람입니다. 나는 긍정적인 사람입니다. 나는 새벽을 깨우는 사람입니다. 나는 노력하는 사람입니다. 나는 공부하는 사람입니다. 나는 겸손한 사람입니다. 나는 나누는 사람입니다. 나는 지키는 사람입니다. 나는 성장하는 사람입니다. 나는 매력적인 사람입니다. 나는 함께 있으면 기분 좋은 사람입니다. 나는 믿을 수 있는 사람입니다. 나는 재미있는 사람입니다. 나는 운이 좋은 사람입니다. 나는 행복한 사람입니다. 나는 사랑이 넘치는 사람입니다. 나는 행동하는 사람입니다. 나는 편안한 사람입니다."

본격적으로 수업을 시작해 볼까요? 첫 수업은 긍정 확언으로 마음을 챙겨보는 시간입니다.

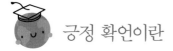# 긍정 확언이란

　　　　　　　코로나가 장기전으로 돌입하게 되면서 이제 독감 백신을 맞듯 코로나와 함께 살아가게 되었어요. 그래서 팬데믹 시대를 살아가는 우리는 마음 챙김에 더 많은 관심을 두게 되었죠. 감사 일기와 확언은 우울해지기 쉬운 우리의 마음 챙김에 매우 효과적이에요. 그렇다면 확언(Affirmation)이란 무엇일까요? 국어사전에서는 '확실하게 말함. 또는 그런 말'이라고 정의하고 있어요. 하지만 저는 확언이란 '하루를 시작할 때 자기 선언적이고 자기 암시적으로 하는 좋은 말'이라고 정의를 내렸어요.

　프랑스의 약사이자 자기 암시(Autosuggestion)라는 요법을 창안한 에밀 쿠에(Emile Coue)는 환자들에게 하루 두 차례, 스무 번씩 이 말을 하게 했다고 합니다.

　"날이 갈수록 나는 모든 면에서 점점 더 좋아지고 있다."

　훗날 '위약효과(Placebo Effect; 플라시보 효과)'라고 불리는 이 유명한 치료법의 핵심은 자기 암시를 통한 자기 확신입니다. 이 말을 매일 반복한 환자들은 류머티즘, 만성 두통, 천식, 말더듬, 종양, 암 등의 증상이 호전되었다고 합니다.

　이렇게 확신이 담긴 말에 힘이 있는 이유는 무엇일까요? 어떻게 사람을 치유할 수 있는 걸까요? 현대그룹 고 정주영 회장은 "이봐, 해봤어? 무슨 일이든 할 수 있다고 생각하는 사람이 해내는 법이

야."라고 말했습니다. 이것은 강력한 '자기 최면, 자기 긍정의 효과'
라고 할 수 있어요. 자기 최면의 효과는 말의 힘과도 연결됩니다.

우리는 아침에 눈을 뜨면서부터 늘 말로 생각을 표현합니다. 말
은 모든 상황을 만들어내고 더 나아가 우리의 삶을 이룬다고 할 만
큼 중요합니다. 말은 관념과 문화를 만들어내는 가장 기본적인 요
소입니다. 말이 행동을 선택하고, 그것이 미래를 결정하고, 결과적
으로 삶을 창조한다고 생각하면 말이 얼마나 중요한지 새삼 느끼게
되지요.

그렇다면 확언은 어떻게 해야 할까요? 확언은 쓰기로도 할 수 있
고, 말하기나 듣기로도 할 수 있습니다.

몇 년 전부터 유튜브와 책을 통해 또 SNS를 통해 강의로도 많이
알려진 김승호 회장도 살면서 큰 꿈을 이룰 때 목표를 하루 100번
씩 100일간 손글씨로 썼다고 해요. 진정으로 열망하는 소원을 적
으면 적을수록 가슴 안에 뜨거움이 불타올라 성취를 맛볼 수 있었
다고요. 저도 감사일기와 확언을 한 지 햇수로 5년째인데요. 아침
에 눈을 뜨면 확언 글쓰기를 하고, 하루를 마치는 저녁 무렵 감사
일기를 써요. 저만의 루틴을 위해 지난해부터 SNS에 아침 확언 글
쓰기를 하고 있어요. 그 확언이 이루어지냐 안 이루어지냐 여부는
중요치 않아요. 확언을 함으로써 반은 이루어진 것이나 다름없는
효과를 보기 때문이죠.

모든 일은 마음먹기에 달려 있다는 일체유심조(一切唯心造), 어릴
적 우리 집 가훈입니다. 일단 마음을 먹으면 무슨 일이든 해낼 수

있다는 매우 긍정적인 메시지를 전달해 주지요. 옆 나라 일본에서는 '예축'을 많이 하는데, 말 그대로 미리 축하하는 것입니다. 예를 들어, 시험을 준비하고 있다면 미리 가족과 함께 합격을 축하하는 것이지요. 로드 비즈니스의 선구자로 알려진 석봉토스트의 김석봉 사장도 아침마다 일어나 긍정 주문을 한다고 해요.

"나는 멋져. 나는 잘해. 나는 날마다 성장해."

하루를 시작하는 아침에 긍정의 주문을 거는 확언의 힘! 저와 함께 경험해 보실래요?

 ## 루틴으로 확언하기

지난해 우리는 코로나를 아무 준비 없이 맞았습니다. 코로나 블루의 우울감, 코로나 레드의 분노를 넘어 코로나 블랙의 좌절까지 모두 경험한 지난해, 저 역시 처음엔 대수롭지 않게 생각했어요. 설마설마하며 1, 2월을 의미 없이 보내던 중에 문득 의미 있는 루틴을 하나 만들어야겠다고 생각했습니다. 그어떤 습관도 결국 지속해서 해내는 '끈기'가 필요하더라고요. 늘 독서와 글쓰기에 대한 로망은 갖고 있으면서 실제로 글쓰기, 책 쓰기를 못하고 있던 터라 아침 독서, 저녁 독서와 확언 글쓰기를 하자고 마음먹었어요.

저는 SNS에 확언을 올리기 시작했어요. 3~4년 전부터 확언과 감사일기를 쓰고 있었지만, 공식적으로 하려면 용기도 확신도 필요했죠. 그렇게 시작한 확언과 짧은 글쓰기는 올해도 계속 진행 중입니다. 실은 저와의 약속이었고 대단히 큰 변화를 기대한 것도 아니었는데, 어느 순간 많은 분이 제 확언 글로 좋은 에너지를 받고 힐링이 된다고 하시더군요. 저도 모르는 사이에 제 확언은 공감과 소통의 마중물이 되고 있더라고요. 그러다 보니 친구 신청도 기하급수적으로 늘었고 다른 지역, 다른 나라에 계신 분들과도 소통하게 되어서 큰 보람과 사명감까지 느끼게 되었어요. 이제는 확언 글쓰기 전도사가 되어 많은 분께 함께 꿈꾸고 성장하는 미래를 준비하는 하나의 툴로 확언을 제시하고 있어요. 분명히 종료 시점은 있겠지만, 당분간 계속하고자 하는 이유는 무엇보다 제 성장과 성찰에 큰 도움이 되기 때문이에요.

아래의 확언 글을 오른쪽에 필사해 보세요. 필사하는 것도 큰 도움이 됩니다. 필사는 오감으로 읽는 가장 정밀한 독서입니다.

"나는 내 역사상 최고의 내가 되는 축제를 즐기고 있다."

요즘 루틴으로 하는 필사에 포옥 빠져 있다. 박수밀 작가의 〈탐독가들〉에 이어 히스이고타로의 〈하루 한줄 행복〉을 필사 중이다. 손글씨에 매료되고 몰입의 즐거움이 크다. 눈과 손과 머리와 가슴으로 온전히 읽어내는 그 느낌에 사로잡혀 있다. '좋은 사람과 함께하면 축제, 나쁜 사람과 함께하면 수행'이라 한 고바야시의 말에서 나는 '수행'을 '숙제'로 바꿔보련다. 인생의 궁극적인 목적은 자기 역사상 최고의 자신이 되는 것이기에 최고의 내가 되기 위한 최고의 숙제를 하는 것이리라.

확언을 필사해 보세요

자기 확언의 3단계

: 자기 긍정 → 자존감 → 자기 계발

매일 SNS에 올리는 확언을 차곡차곡 쌓다 보니 멋진 한 권의 확언 루틴 에세이집이 완성되겠더라고요. 매일의 힘으로 쓴 글들을 항목화해 보았어요. 크게 세 부분으로 나뉘었는데, 그것이 바로 확언 루틴의 단계라는 생각이 들었어요. 먼저 '자기 긍정'이 되어야 '자존감'이 바로 서고, 그다음 '자기 계발'에 집중할 수 있으니까요. 각 분야별로 예를 하나씩 공유해 볼게요. 자녀와 함께하거나 가족, 친구들과 함께 확언 글쓰기를 하는 것도 강추입니다.

 '자기 긍정' 확언의 예

"나는 위대한 내 일을 사랑하며 더 위대할 내일을 그린다."

당신이 삶에 만족할 수 있는 유일한 방법은 당신이 하는 일이 '위대하다'라고 믿는 것이다.

"위대한 일을 하는 유일한 방법은 당신 일을 사랑하는 것이다." 혁신의 아이콘, 스티브 잡스의 이야기다. 많은 어록을 남겼지만, 평이함에도 울림이 오래가는 말이라서 수업 중에 많이 인용한다. 늘 그래왔듯, 나는 선한 영향력을 미치는 내 일이 위대하다고 믿고, 내 일을 사랑한다. 그리고 무엇보다 만족해서 행복하고 감사하다.

'자기 긍정' 확언을 필사해 보세요

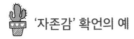 '자존감' 확언의 예

"나는 관심의 원에서 벗어나 영향력의 원을 넓힌다."

오래전 읽었던 스티븐 코비의 〈성공하는 사람들의 7가지 습관〉 중 이런 내용이 있다.
"주도적인 사람은 자신의 능력을 '영향력의 원'에 집중시킨다. 대응적인 사람은 이와 반대로 자신의 노력을 '관심의 원'에 집중시킨다. 이들은 다른 사람이 갖는 약점, 환경상 문제, 그리고 자신이 통제하지 못하는 것에 집중한다."

'영향력의 원'이란 자신의 의지로 통제할 수 있는 것이고 '관심의 원'이란 자신의 의지와 상관없이 일어나거나 통제할 수 없는 것이다. 내 의지와 상관없이 일어나는 일은 그대로 인정하면 된다. 이것은 우리 집 가훈이기도 했던 원효대사의 一切唯心造(일체유심조 : 사물 자체에는 맑음도 더러움도 없고 모든 것이 오직 사람의 마음에 달려 있다)와도 상통한다.

살아가면서 부딪히는 수많은 문제는 내 의지로 통제할 수 있는 것(영향력의 원)이 있고 의지와 상관없이 통제 불가능한 것(관심의 원)도 있다. 대표적인 천재지변, 과거의 일, 다른 사람 때문에 일어난 일 등 관심의 원에서 벗어나 스트레스로부터 자유로워야 진정한 나만의 삶을 살 수 있을 것이다.

'자존감' 확언을 필사해 보세요

'자기 계발' 확언의 예

"나는 흔들리며 새로운 희망과 또 다른 배움을 얻는다."

밝고 긍정적인 마음과 생각으로 살다가 문득 모든 것들이 의미 없어 보일 때가 있다. 세심하고 꼼꼼하게 주위를 살피다가도 건성으로 해버리고 싶을 때가 있다. 좋은 사람들과 수다하고 호흡하고 있는 순간에도 문득 우울감을 느낄 때가 있다. 재미난 영화를 보며 큰 소리로 웃지만 웃음 끝 진한 허탈감에 몸부림칠 때가 있다. 자아도취에 빠져 심하게 만족하면서도 부족함이 새록새록 느껴질 때가 있다. 이 모든 것 또한 내 모습이다. 흔들리며 희망과 배움을 찾는 내 모습이다.

처음 확언을 접하는 분에게 권하는 책

- 나는 된다 잘된다 (박시현, 유노북스, 2020)
- 어포메이션 (노아 세인트 존, 나비스쿨, 2021)
- 사람들은 나를 성공이라는 말로 표현한다 (김태현, 밀알, 2001)
- 돈의 속성 (김승호, 스노우폭스북스, 2020)
- 뜨겁게 나를 사랑한다 (조성희, 생각지도, 2021)
- 365 매일 읽는 긍정의 한 줄 (린다 피콘, 책이있는풍경, 2018)
- 세도나 메서드 (헤일 도스킨, 알에이치코리아(RHK), 2021)
- 위대한 시크릿 (론다 번, 알에이치코리아(RHK), 2021)
- 딱 1년만 말투를 바꿔보자 (엄남미, 케이미라클모닝, 2021)
- 하루 한 장, 마음챙김 (루이스 헤이, 니들북, 2021)
- 하루 한줄 행복 (히스이고타로, 한국경제신문사, 2019)

'자기 계발' 확언을 필사해 보세요

자기 확언의 예(실제 수업 사례)

학생

· 나는 사람들에게 인정받는 사람이 된다.

· 나는 날마다 모든 면에서 좋아진다.

· 나는 내가 한 말을 꼭 지킨다.

· 나는 날마다 감사하며 살아간다.

· 나는 행운이 늘 따라온다.

· 나는 언제나 기쁘다.

· 나는 살아있어서 감사하다.

· 나는 인사를 잘한다.

· 나는 어제보다 더 나은 삶을 산다.

· 나는 덕분에 감사하고, 그럼에도 감사하고, 무조건 감사하는 삶을 산다.

학부모

· 우주의 좋은 기운은 모두 나를 향하고 있다.

· 나는 우주에서 가장 행복하고 운좋은 사람이다.

· 난 항상 긍정적이고 현명하고 여유롭게 잘 인생을 살아간다.

· 나는 나를 지지하고 응원한다.

· 난 적응과 번영의 달인이다.

· 내 안엔 건강과 긍정이 늘 넘쳐난다.

· 나의 평안함은 우주의 질서 속에 있으며 그것이 항상 조화롭다.

· 나는 오늘의 즐거움을 누리고, 풍족한 열매에 만족한다.

· 나의 긍정의 힘으로 모든 면에서 좋다.

자유롭게 자기 확언을 써 보세요

NOTE

1. 긍정 확언이란?
   : 하루를 시작할 때 자기 선언적이고 자기 암시적으로 하는 좋은 말

2. 긍정 확언의 효과
   : 강력한 '자기 최면, 자기 긍정의 효과'가 있다.
   : 자기 최면의 효과는 말의 힘과도 연결된다.

3. 루틴으로 확언하기
   : 하루 일과에 확언하는 글쓰기의 시간을 일정하게 갖기
   : 필사는 오감으로 읽는 가장 정밀한 독서

4. 확언의 3단계
   : 자기 긍정 → 자존감 → 자기 계발
   : 먼저 '자기 긍정'이 되어야 '자존감'이 바로 서고, 그다음 '자기 계발'에
   집중할 수 있다.

◉ 수업 후 느낀 점 & 남기고 싶은 말

소행성 관계

소통하고, 행동하고, 성장하는
관계를 만들기 위한
규칙과 방법들에 대하여

• 소행성 : 소통, 행동, 성장의 각 앞 글자를 따서 조합한 용어로 필자가 처음 '관계맺기' 강연할 때 만
든 조어이다. 현재 진로나 인성, 심리 정서 등 다양한 강연과 수업을 통해 활용되고 있는
필자의 콘텐츠이다.

이번 시간은 소통하고 행동하고 성장하는 관계, 소행성 관계 나들이 수업입니다. 왜 나들이냐고요? 그건 "인생은 마라톤이다!"라는 말에 대한 제 나름대로의 반박(?)의 표현이에요. 꼭 인생이 마라톤이어야 할까요? 그냥 나들이하듯 걸어가면 안 되나요? 마라톤은 정해진 코스와 정해진 길이 있어요. 또 다른 사람들과 경쟁을 해야 하지요. 하지만 사람에 따라 가는 길도, 가는 속도도, 가는 방향도 다르잖아요. 저는 인생의 여정을 '나들이'하듯 걸어가고 싶어요. '여행은 일상처럼, 일상은 여행처럼'과 같은 맥락이죠. 초심은 잃지 않되, 아이들과 나들이길의 평생 친구처럼 마주하는 거예요. 아이와 함께 땅거미 지는 것도 보고, 풀벌레 우는 소리에도 귀 기울이며 말이죠.

우리가 빅데이터(Big Data)와 인공지능(AI) 등 첨단기술을 기반으로 한 시대를 살고 있다고 해도 인간에게 있어 관계는 여전히 중요합니다. 인간은 관계를 맺지 않고서는 살아갈 수 없는 존재니까요. 더구나 코로나로 인해 만남에 제약이 따르다 보니 타인과의 관계가 더욱 중요해졌어요.

이번 수업에서는 소통하고 행동하고 함께 성장하는 관계를 '경험'이라는 키워드를 바탕으로 살펴보겠습니다.

 생각열기

아이와 소통하기 위한 첫 번째 단계는 라포 형성(Rapport Building)이에요. '라포'란 사람 간의 상호 이해와 공감을 통해 형성되는 신뢰 관계와 유대감을 말합니다. 아래의 그림을 보며 아이와 이야기를 나누고, 자연스럽게 라포 형성을 하면서 아이의 생각을 열어주세요.

그림 1

엄마 : (실제 새들의 대화를 구연동화 하듯 하고 난 뒤)

○○아, 새들의 대화인데, 어때? 무슨 생각이 들었어?

아이 : 아~ 새가 사람보다 더 똑똑한 거 같아. 새들조차도 사람들은 휴대폰만 보는 걸 아나 봐.

엄마 : 그러게. 스티브 잡스 같은 사람도 최신 제품은 자녀들한테 절대 보여주지 않았대. 그만큼 중독성이 있다는 거지. 그래서 스마트폰을 우리가 좀 스마트하게 사용해야 할 것 같아.

아이 : 엄마 말을 듣고 보니 그렇네.

아이나 어른이나 코로나 덕분(?)에 집에 있는 시간이 많다 보니 휴대폰을 끼고 사는 경우가 많아요. 휴대폰은 되도록 가족끼리 규칙을 재미있게 정해서 일정한 시간만 사용하도록 하는 게 좋아요. 휴대폰에 들이는 시간이 많아지면 가족과 친구와의 관계에도 좋은 영향을 미칠 수 없기 때문이죠.

그림 2

엄마 : ○○아, 이 그림을 봐. 어떤 그림인 것 같아?

아이 : 음⋯ 빨간 머리 소녀가 어딘가로 떠나려는 것 같아.

엄마 : 오호, 엄마랑 생각이 비슷하네. 그럼 느낌은 어때?

아이 : 꽃잎이 기분 좋게 날리고 태양이 떠오르는 걸 보니 마음이 설레어.

엄마 : 아, 그렇구나!

라포 형성은 이미지를 사용하는 것이 가장 효과적입니다. 사람의 마음에 내재된 감정과 생각을 끌어내고 편하게 이야기할 수 있도록 하는 워밍업 시간이라 할 수 있어요. 관계에 있어서 기본은 자신을 제대로 아는 것입니다. 내 마음이 지금 어떤지 알아차려야 상대의 마음을 이해하고, 공감과 수용을 할 수 있기 때문이죠. 같은 그림을 보고도 어떤 이는 설레고 좋은 일이 있을 것 같다고 표현하지만, 산만하고 정신이 어지럽다고 하는 사람도 있거든요.

 왜, 경험인가? 관계란 무엇인가?

"우리 인생에서 행복은 경험이 주는 교훈을 겸허히 받아들이는 데서 생겨난다." 미국의 교육학자 존 듀이(John Dewey)가 한 말입니다. 교육의 본질은 무엇일까요? 교육은 사람의 행동 변화를 계획적으로 이끌어내는 데 그 본질적인 목적이 있지요. 저는 교육에 가장 최적화된 것이 '경험'이라고 생각합니다. 우리가 만날 수 없는 사람들이나 이야기 등은 책을 통해 간접경험을 할 수 있고요, 다양한 체험을 통해서는 직접경험을 하는 거죠. 간접적, 직접적 경험을 통해 우리는 다양한 행복감을 느끼는 동시에 행동을 변화시킬 수 있는 것이죠.

 소통하는 관계 : 책과의 동침

그렇다면 자녀와의 소통은 어디서 어떻게 시작하는 게 좋을까요? 아이가 커갈수록 입을 닫는 경우가 많아 대화의 소재에 한계가 오기 마련이죠. 커가는 자녀와 소통하는 좋은 방법으로 저는 독서를 권합니다. 실제로 주말마다 아이들과 도서관 나들이를 했는데, 지속적으로 책을 접한 아이들과 저는 책이 간접경험의 보고라는 사실을 몸소 경험했습니다.

 아이 & 경험 & 책 사이클

집이나 학교에서 책 읽기를 하는 것도 좋지만 아이와의 소통의 도구로 책을 접하게 하고 싶다면 도서관이 더 바람직합니다. 어려서부터 도서관 나들이를 어떤 교육의 목적이 아닌, 놀이처럼 즐기는 활동으로 경험하게 해주는 거예요. 지속적이고 정기적인 도서관 나들이는 독서 본연의 목적만 달성하는 것이 아니라 다양한 종합 예술 활동을 직접 경험하는 효과를 가져오기도 합니다.

 도서관 200% 활용하기

온 가족의 도서관 나들이는 저에게 무척 좋은 추억으로 남아 있습니다. 학부모 대상 강의나 수업에서 도서관 나들이 이야기를 하면 '도서관 활용기' 책을 내라는 이야기를 종종 듣기도 했지요. 하지만 이젠 그럴 필요가 없다고 생각할 만큼 많은 학부모가 도서관을 내 집처럼 애용하고 있습니다. 여기서 아이를 키우며 도서관을 활용했던 제 소소한 경험과 노하우를 소개하겠습니다.

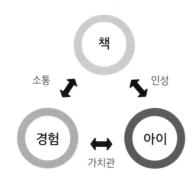

작은 성취감은 자존감을 올리는 데 최고이다 - 헨리포드

1 _ 도서관에 자주 데려가 도서관 환경에 익숙해지도록 한다

빌 게이츠의 "날 키운 건 어릴 적 집 근처 도서관이었다."라는 말이 한때 회자되면서 도서관마다 그 문구를 내걸었던 적이 있었어요. 저는 아이들을 책과 함께하는 환경에서 키우고 싶어 도서관을 택했지요. 제2외국어의 노출 빈도에 따라 학습효과가 달라지듯, 어릴 적 아이가 책을 접하는 환경은 부모의 몫이라고 생각합니다. 물론 아이가 워낙 책을 잘 읽어 어딜 가나 책을 가지고 다니고 즐긴다면 의도적으로 애쓸 필요는 없겠지요. 그렇다고 하더라도 도서관이라는 환경은 아이에게 정서적으로도 좋은 공간임은 틀림없어요.

아이들이 도서관에서 뒹굴며 책을 읽다 보면 옆에 있는 아이들이 어떤 책을 보게 되는지 자연스레 알게 됩니다. 그런 과정에서 책을 서로 권해주기도 하더군요. 반납용 북 트럭에 있는 책들을 보면서 다른 친구들은 요즘 어떤 책을 보는지도 자연스레 알게 됩니다.

2 _ 도서관 프로그램을 적극적으로 활용한다

도서관 알림판에 있는 정보를 잘 살펴서 도서관 프로그램에 자주 참여해 보세요. NIE 프로그램, 영어 동화 읽기 프로그램, 책 이야기 나누기, 그림책 읽어주기, 과학 프로그램 등 도서관 내에서 진행되는 프로그램은 생각보다 다양하고 알찹니다. 그럴 때 아이들은 자연스레 함께하는 모둠활동의 경험도 해보게 되죠. 또래에게 배우는 것이 통찰력을 더 크게 키운다는 연구 결과도 있어요. 아이들은 유치원이나 학교가 아닌 곳에서도 또래와의 관계를 형성할 수 있고, 다양한 모둠활동의 경험을 갖게 됩니다.

3 _ 아이가 작은 성취감을 느낄 수 있도록 한다

우리나라 '도서관' 하면 으레 떠오르는 단어가 '정숙'이에요. 어디를 가나 '정숙! 조용히!'를 종용했던 게 사실이니까요. 근래에는 많이 달라졌다고 하지만, 여전히 어떠한 소음도 용납이 안 되는 도서관들이 있습니다. 그래서 저는 정숙의 개념과 배치되는 곳을 찾았어요. 그저 아이들을 책과 친해질 수 있는 환경에 노출시키고 싶었 거든요. 그런 환경에서 아이들이 책을 장난감처럼, 독서를 놀이처럼 즐기게 해주고 싶었죠. 그러던 중 발견한 곳이 강남역에 있는 국립어린이청소년도서관(www.nlcy.go.kr)입니다. 모든 공간에서 마음대로 그럴 수 있는 것은 아니지만, 어린이 열람실이 딱 원하던 환경의 공간이었어요. 맘대로 뒹굴거나 간식을 먹으면서도 책을 보고 즐길 수 있는 곳이었죠. 자유로운 공간에서 책에 흠뻑 빠질 수 있었고, 어느 누구도 눈총을 주지 않아 좋았어요. 또한 시의적절하게 체험형 동화구연이나 인형극, 공연이 열렸고, 독서의 달에는 특별 행사나 전시가 열려 각종 대회에 참가할 수 있었습니다.

아이의 자존감을 올리려면 소소한 성공 경험을 하는 것이 무척 중요합니다. 그런데 요즘 학교에서는 형평성, 공정성을 이유로 대회도 많이 줄고, 상을 주는 일도 드물어졌지요. 학교에서 작은 성공 경험을 제공해 주지 않는다면 엄마가 더 적극적으로 기회를 찾아봐야 합니다. 도서관이나 지역 수련관, 유스센터 등에서 하는 독후화 그리기 대회라던가 독서 글짓기 대회 등은 응모율이 그다지 높지 않아 충분히 소기의 목적을 달성할 수 있습니다. 입선 정도의 수상도 아이에게는 소중한 성공 경험이거든요. 그 밖에도 천문대 체험, 도서관에서의 하룻밤 등 엄마, 아빠의 품을 잠시라도 떠나는 경험을 하면 그 자체만으로도 아이는 작은 성취감을 느낄 수 있습니다. 도서관은 단순히 책을 빌리고 책을 읽는 공간만이 아니라는 것을 꼭 기억하세요.

4 _ 책을 매개로 아이와 대화 시간을 갖는다

하루 중 자녀와 대화를 나누는 시간이 얼마나 될까요? 조사해 보니 놀랍게도 평일 기준으로 하루 평균 15분이라고 합니다. 아이가 사춘기가 되면 그마저도 더 줄어들겠죠. 여기서 말하는 대화는 "급식 뭐 먹었니?", "학원 숙제 다 했니?"와 같은 확인 차원의 질문과 답을 말하는 것이 아닙니다. 아이와의 관계에 있어 도움이 되는 정서적인 대화를 말합니다. 자기가 쓰는 단어의 질만큼의 삶을 살아가게 만든다는 말의 힘, 대화의 힘은 우리가 생각하는 것보다 훨씬 강력합니다.

그렇다면 우리는 일상에서 자녀와 어떻게 고급언어를 사용하고 정서적인 대화를 나눌 수 있을까요? 군이 가족회의나 독서 토론 등을 해야만 고급언어를 사용하고 정서적인 대화를 할 수 있을까요? 생각보다 답은 간단해요. 도서관에서 책을 읽거나 읽어주는 활동을 하면서 사회문화에 대한 이야기를 자연스레 나눌 수 있거든요. 아이들의 호기심 어린 질문은 그런 공간에서 더 빗발치더군요. 대화의 창을 여는 핵심은 책과 함께하는 환경에서 얻어지는 게 의미가 있습니다.

도서관 200% 활용의 예

• 독서, 체험형 동화구연, 인형극, 가족뮤지컬, 독후화 그리기 대회
• 도서관에서 하룻밤, 천문대 캠프, 방학 특강, 유명 동화작가 초청 강연
• 가족 책 만들기, 독서 관련 전시, 독서통장, 도서봉사, 멘토링 봉사 등

5 _ 도서관 나들이 = 독서 + @

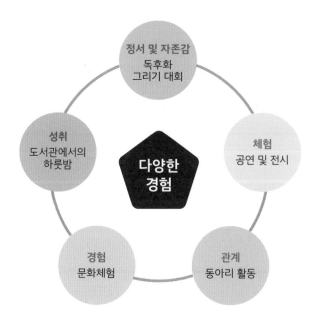

도서관에는 '독서'라는 기본적인 활동 외에도 원만한 관계 형성은 물론, 자존감과 경험의 스키마*를 확립하는 데 좋은 다양한 체험과 활동들이 있습니다.

• 스키마(schema) : 정보를 통합하고 조직화하는 인지적 개념 또는 틀

 행동하는 관계 : 경험으로 크는 아이

　　　　　　　이번에는 행동하는 관계에 관한 이야기 입니다. 관계를 형성하기 위해서는 행동하는 적극성, 실천력이 필

요합니다. '나는 소극적이야.', '나는 소심하니 네가 다가와 줘.' 이런 태도는 바람직하지 않지요. 성향과 기질에 따라 정도의 차이는 있지만, 관계를 맺으려면 행동하는 실천력이 필요해요.

그렇다면 행동하는 관계를 맺으려면 어떤 활동이 가장 효과적일까요? 소통을 책으로 시작했다면 직접 체험을 통해 행동하는 관계를 형성하고, 그 과정에서 아이의 경험의 산을 차곡차곡 쌓아주시는 것이 중요합니다.

🌵 안전교육 & 경제교육

경험과 관련해서 제가 꼭 권해드리는 것은 '안전교육'과 '경제교육'입니다. 일본에서는 아이들이 어릴 때부터 안전교육에 엄청난 시간을 투자하기 때문에 세월호 같은 사고가 일어나면 몸이 먼저 움직인다고 해요. 그런데 우리나라에서는 실상 안전교육을 그리 자주 하지는 못하고 있어서인지 사고가 나면 우왕좌왕하기 일쑤죠. 가끔 학교에서 심폐소생술을 배운 초등학생이 길에 쓰러진 사람을 살렸다는 등의 의미 있는 보도를 접하긴 합니다만, 그런 일이 특별한 경우가 아닌 일상이 되려면 더욱 노력이 필요하겠죠.

제가 한 가지 방법을 알려 드릴게요. 예를 들어, 아이 생일 때 친구들과 파자마 파티를 열어 주는 대신, 시민 안전 체험관에 가서 체험을 통한 안전교육을 받도록 하는 것입니다. 아이들에게는 굉장히 새롭고 특별한 경험이면서도 쉽게 잊지 못하는, 몸이 기억하는 활동이 될 거예요.

또 하나는 경제교육입니다. 요즘엔 금융기관 등에서 경제교육을 많이 하고 있습니다. 부모가 경제교육을 하는 것보다 훨씬 적극적이고 전문적이에요. 또한 아이들이 좋아하는 보드게임과 같은 놀이로 활동하기 때문에 아이들이 무척 오래 기억합니다.

제 아이들이 어릴 때 자주 다니며 도움을 받았던 사이트 중에서 지금도 건재한 곳들을 소개합니다.

대표적인 박물관 및 체험 기관

- **역사** 국립중앙박물관, 국립민속어린이박물관, 고궁박물관, 대한민국역사박물관, 백범기념관, 안중근기념관, 추사기념관, 세종이야기 충무공이야기, 경복궁, 창덕궁, 덕수궁, 서대문형무소 등
- **사회** 국회의사당, 청와대, 경찰박물관, 전쟁기념관, 대법원, 외교사료관, 한국은행 화폐박물관, 조세박물관, 짚풀 생활사박물관, 옛돌박물관, 떡박물관, 김치박물관 등
- **예술, 문화** 예술의전당, 세종문화회관, 대학로 소극장, 신한갤러리, 코리아나박물관, 만화박물관, 애니메이션센터, 영화박물관, 광고박물관, 종이박물관 등
- **안전** 광진 안전체험관, 보라매 안전체험관, 발산 안전체험관

대표적인 체험 정보 사이트

- 서울특별시 공공서비스 예약
- 에버러닝
- 유스내비, 키즈내비, 놀이의 발견, 직업의 발견 등
- 맘스쿨, 애플도도, 미지센터 등
- 지자체 수련관, 유스센터, 진로직업체험 지원센터 등

성장하는 관계 : 세계시민으로서의 성장

'한 아이를 키우기 위해 온 마을이 필요하다'라는 아프리카 속담이 있듯이 한 사람의 성장을 위해서는 수많은 조력자가 필요합니다. 관계에서도 함께 성장하는 윈윈(Win-Win)의 형태는 필수적이에요. 이 경험은 결국 동기부여의 자산이 되고 협업의 기본이 되지요.

대표적으로 마을공동체 사업이 지자체마다 비교적 잘 이루어지고 있습니다. 마을 사업은 협동으로부터 오는 경험, 또래를 통해 얻는 경험, 인성교육, 공동체 의식 등을 갖게 하지요. 즉 이런 사업을 통해 마을 구성원들은 하나의 마을에 산다는 소속감을 느끼고 궁극에는 공동체 시민의식을 갖게 됩니다.

 인성교육진흥법

인성교육진흥법에 대해 들어본 적이 있나요? 제가 수많은 교육대상자들을 만났을 때 세계에서 유일하게 우리나라에만 인성교육진흥법이 존재한다는 것을 아는 분은 단 한 명도 없었어요. 이런 유일무이한 법에 대해 아이에게 한번 물어보고 대화를 나눠 보세요. 그 주제에 대해 깊이 있게 토론하다 보면 아이가 자기 생각을 논리적으로 설명하게 됩니다. 스피치 학원을 따로 다닐 필요 없을 만큼 발표력을 키우는 데도 한몫하지요. 예를 들면, 이런 주제로 토론을 할 수 있습니다. "우리나라 사람들의 인성에 얼마나 문제가 많길래 세계 유일하게 법으로까지 지정해놨을까?", "우리나라가 얼마나 인성을 중요하게 생각하는지 알 수 있는 것 아닐까? 그렇다면 그것은 자랑스러워해야 할 일일까 아닐까?" 아마 생각보다 무척 다양한 이야기들이 오갈 거예요.

그다음, 아이와 단어 정의하기 활동을 해보세요. 가족 단어장을 만들어 하루에 한 가지씩 단어를 채워 보세요. 이야기 나누었던 주제와 소재를 가지고 한 단어씩 접근해 볼 수 있죠. 절대 첫술에 배부를 수는 없습니다. 낙숫물에 바위 뚫리듯 천천히, 끈기를 가지고 해야 합니다.

아래는 인성교육진흥법 인성의 8대 덕목입니다. 각 항목을 보면서 아이와 함께 새로운 정의를 만들어 보세요.

- 정직 : 진실되고 거짓 없이 행동하는 것
- 책임 : 올바로 반응할 수 있는 능력
- 존중 : 다름을 인정하고 그 특성에 주목하는 것
- 배려 : 타인을 염려해 주고 도와주는 것
- 소통 : 열린 관계에서 공감을 주고받는 것
- 협동 : '너'와 '나'가 모여 '우리'를 이뤄 목표를 성취하는 것
- 예(禮) : 지켜야 할 규범을 지켜 할 일/안 할 일을 구분하는 것
- 효(孝) : 배려와 염려의 마음으로 부모를 섬기는 것

수업 시간에 아이들에게 "책임이 뭘까?"라고 질문했더니 한 아이가 "코끼리가 한 다리로 서 있는 거요."라고 대답하더라고요. "배려

가 뭘까?"라고 물었더니 그 아이는 주말마다 아빠와 자전거를 탔던 모양인지 "아빠가 나보다 한발 뒤에서 자전거 타는 거요."라고 말하더군요. 아이다운 상상력이 풍부한 대답들이 여기저기서 나왔어요. 가족 단어장을 만들면 추상적이고 어려운 단어들에 관해 이야기를 나누는 계기가 생기고, 이것은 결과적으로 아이의 사고 확장에 영향을 미칩니다. 영어학원에서 하루에 영어 단어 50개씩 외우는 건 기본이잖아요? 아이와 하루에 한 단어씩만 꼬박꼬박 채워가도 어휘력과 사고력이 쑥쑥 느는 걸 느끼실 거예요. 물론 아이와의 소통은 기본이고요.

아이들이 대답한 사례

- 정직 : 약속한 게임 시간을 넘기고 다음 날 알아서 적게 하는 것
- 책임 : 코끼리가 한 다리로 꿋꿋하게 서 있는 것
- 존중 : 엄마가 내 앞에서 아빠 이야기를 들어주는 것
- 배려 : 친구가 먹고 싶어 하는 것을 나눠 주는 것
- 협동 : 1인 1구역 청소할 때 친구랑 같이 책상을 옮기는 것
- 예(禮) : 교장 선생님이 엄마한테 인사를 공손히 하는 것
- 효(孝) : 아빠가 할머니께 안부 전화드리는 것
- 사랑 : 꽃을 꺾는 대신 바라보며 웃어주는 것
- 공평 : 필요한 사람에게 더 많이 주는 것
- 믿음 : 자전거를 타며 친구가 혼자 앞서가지 않을 거라고 생각하는 것
- 용기 : 큰 개 앞을 꿋꿋하게 지나가는 것

우리 가족 단어장

인성 항목 또는 가족이 선택한 단어를 새롭게 정의해 보세요.

관계 성장을 위한 Tip

　　　　　마지막으로 관계 성장에 도움이 되는 활동 3가지를 소개합니다. 포스트잇 편지, 만다라트, 감사일기입니다.

1 _ 포스트잇 편지

　아무래도 말은 휘발성이 있어서 기록으로 남기기에는 한계가 있지요. 이럴 때는 글의 힘이 깊은 공감을 일으킬 수 있습니다. 아이가 초등학교 3학년 때 제게 생일 선물로 준 에이스 카드에 붙인 포스트잇 편지는 지금도 제 지갑에 고이 간직하고 있습니다. 아이가 사춘기 정점을 찍을 때도, 갈등을 일으키는 순간에도 저에겐 이 포스트잇 편지가 특효약이었습니다. 아이의 백일사진이나 아이가 처음 한글을 배워 생일 카드를 썼다든지 하는 것은 부모와 자식 간의 든든한 관계에 밑거름이 되더라고요.

　47쪽의 오른쪽 사진은 데이지 세터의 《오늘은 무슨 날》이라는 책에 나오는 6살 여자아이가 엄마 생일날 스무고개처럼 선물을 찾게 하는 내용을 보고, 제 아이들이 저에게 써준 것들입니다. 당시 두 아이가 이 책을 너무 좋아했어요. 그래서 제 생일날 책의 내용처럼 글을 써서 주더군요.

　이렇듯 글은 기록이 되어 추억을 소환시키고 때로는 큰 힘이 되곤 합니다. 편지지는 제법 크기가 커서 쓰기에 대한 두려움이 생기게 마련이죠. 이럴 때 포스트잇과 같은 작은 종이에 몇 글자 쓰는 정도는 크게 부담감이나 저항감이 없으니 무척 좋은 방법입니다.

에이스 카드에 붙여 보낸 포스트잇 편지

책의 내용에 착안하여 쓴 포스트잇 편지

포스트잇 편지 사용설명서

1 _ 상단에 호칭을 부른다. 가장 즐겨 부르는 닉네임 또는 이름을 쓴다.

(내 보물, 소울메이트 ○○에게 등)

2 _ 목적에 맞는 인용구를 넣어도 좋다.

(좋은 사람 옆자리가 R석, 말은 마음을 담는다 등)

3 _ 하고자 하는 말은 최대한 솔직하게 쓴다.

(누구에게나 친절하지만, 누구에게나 마음을 주는 건 아니야,

마음은 기부하는 거지 기브 앤 테이크가 아니래 등)

4 _ 서로에게만 쓰는 닉네임으로 마무리한다.

(수호천사로부터, 에이스 엄마 등)

다음은 아이가 친구와 다투었을 때, 엄마가 아이에게 미안한 상황에 처했을 때, 문득 아이가 생각날 때 엄마가 보내면 좋은 포스트잇 편지 내용의 예입니다. 참고하세요.

<유형 A. 친구와 다툰 아이에게>

HOW	사례	포인트
평소에 쓰는 호칭	내 큰 사람♥	
무조건 공감	많이 속상했지?	충고나 조언 아닌 공감, 인정
인용구 또는 경험	문득 엄마라면 어떨까 생각해 봤어. 그리고 지난 번에 너한테 얘기한 중2 때 친구 생각이 나더라.	서로 공유했던 경험을 진솔하게 표현
무조건적인 응원	엄마는 너의 어떤 선택도 응원해. 말은 마음을 담는대. 너의 마음한테 묻고 담아 보렴.	해결책은 굳이 쓰지 않아도 좋다. 그냥 느낌. 적절한 인용도 가능
애정어린 발신인	너의 비빌 언덕 엄마가…	

<유형 B. 아이에게 미안할 때>

HOW	사례	포인트
아이가 가장 좋아하는 호칭	내 보물♥	
진솔한 표현, 느낌과 기분 전달	엄마가 많이 미안해. 네가 의연하니까 엄마가 더욱 부끄럽더라.	빠른 인정이 최선
신뢰 및 약속	늘 엄마를 고인물이 아니도록 성장시켜주는 우리 아들 너무 고마워. 엄마가 앞으로 더 노력할게.	진솔함이 무기. 글로 전달할 때는 굳이 변명, 이유를 넣지 않는다. 애정 어린 신뢰, 약속
가벼운 이야기로 분위기 전환	오늘 저녁 내 보물이 제일 좋아하는 '뚝불'로 용서될까?	유머를 곁들인 가벼운 생활형 이야기로 마무리
애정어린 발신인	네 덕분에 지금도 크고 있는 엄마가…	아이로 하여금 마음 불편하지 않을 정도의 강도

HOW	사례	포인트
평소에 쓰는 호칭	내 사랑♥	
궁금증 유발 및 팩트 전달	(에이스 과자 사진) 웬 과자냐고? 수업 끝나고 마침 출출했는데 한 학생이 에이스 과자를 주는 거야.	
추억 소환	문득 네가 3학년 때 엄마 생일에 준 에이스카드가 생각나서 지갑에서 꺼내 봤어. 네 생각이 나서 과자 두 개 준 거 하나만 먹고 이렇게…	문득, 짬짬이 떠오르는 소중한 존재임을 공유
감정 전달	모처럼 덕분에 추억 소환했네. 그리고 씨익 웃었어.	과한 감정 표현보다 담백한 기분 전달
애정어린 발신인	너의 에이스 엄마가…	폭풍감동보다는 흐뭇할 정도로

2 _ 만다라트

일본의 투수 오타니 쇼헤이(大谷翔平·27)가 미국 메이저리그에서 투수와 타자 양면으로 놀라운 활약을 보이며 세계적인 주목을 받고 있습니다. 그가 학창 시절부터 활용했다는 자기 계발법이 덩달아 언론의 주목을 받고 있지요. 일본의 한 경영 컨설턴트에서 개발한 만다라트(Mandarat) 기법입니다. 50쪽의 표는 오타니 쇼헤이가 고교 1학년 때 세운 목표 달성표인데, 제가 여기서 특히 주목하는 것은 운과 멘탈, 인간성 부분이에요. 수업하러 학교에 가서 보면 물건을 소중히 쓰는 아이도 드물고, 인사를 잘하는 아이도 생각보다 많지 않더군요.

각각의 항목과 내용을 보며 아이와 함께 꼭 이야기를 나누고 만다라트도 작성해 보세요. 엄마, 아빠, 아이가 각자 만들어서 집 안 가장 잘 보이는 곳에 붙여 두고 대화도 나눠 보세요. 아이가 아직 어리다면 가족 공동의 목표를 하나 정해서 가족 만다라트를 먼저 만들어도 좋습니다. 그다음 상반기, 하반기에 한 번씩 점검해 보면서 다시 계획을 세우는 것도 의미가 있답니다.

몸 관리	영양제 먹기	FSQ 90kg	인스텝 개선	몸통 강화	축을 흔들리지 않게	각도를 만든다	공을 위에서 던진다	손목 강화
유연성	몸 만들기	RSQ 130kg	릴리즈 포인트 안정	제구	불안정함 없애기	힘 모으기	구위	하체 주도로
스테미너	가동역	식사 저녁 7수저 (가득) 아침 3수저	하체 강화	몸을 열지 않기	멘탈 컨트롤 하기	볼을 앞에서 릴리즈	회전수업	가동역
뚜렷한 목표, 목적 가지기	일희일비 하지 않기	머리는 차갑게 심장은 뜨겁게	몸 만들기	제구	구위	축 돌리기	하체 강화	체중 증가
펀치에 강하게	멘탈	분위기에 휩쓸리지 않기	멘탈	8구단 드래프트 1순위	스피드 160Km/h	몸통 강화	스피드 160Km/h	어깨 주위 강화
마음의 파도를 만들지 말기	승리에 대한 집념	동료를 배려하는 마음	인간성	운	변화구	가동역	라이너 캐치볼	피칭을 늘리기
감성	사랑받는 사람	계획성	인사하기	쓰레기 줍기	부실 청소	카운트볼 늘리기	포크볼 완성	슬라이더 의 구위
배려	인간성	감사	물건을 소중히 쓰자	운	심판을 대하는 태도	늦게 낙차가 있는 커브	변화구	좌타자 결정구
예의	신뢰받는 사람	지속력	플러스 사고	응원받는 사람이 되자	책읽기	직구와 같은 폼으로 던지기	스트라이크 에서 볼을 던지는 제구	거리를 이미지 한다

- 만다라트(Mandarat) : 일본의 마쓰무라 아스오(Matsumura Yasuo, 松村寧雄)가 개발한 사고 기법. 브레인스토밍, 마인드매핑과 같이 인간의 두뇌 활용을 극대화하는 사고 및 학습 기법의 일종이다. 활짝 핀 연꽃 모양으로 아이디어를 확장시켜 나간다고 하여 '연꽃만개법'이라고도 불리며, 개발자 이름의 이니셜을 따서 'MY 기법'이라고도 한다.

3 _ 감사일기

감사일기는 관계는 물론이고 정서를 다스리는 데에 가장 효과적입니다. 요즘은 감사일기의 힘이 대중화되어 많이 하고 계시더라고요. 아직 시도하기 전이라면 처음부터 무리하게 많은 걸 시도하지 말고 '덕그무' 감사일기를 써 보세요. '가족 감사일기장'을 하나 만들어도 좋고, 가족 감사톡방을 만들어도 좋아요. 하루를 보내고 가족들 각자 감사일기를 몇 가지씩 올리면 가족 간에 유대감도 좋아지고, 아이의 감정과 일상을 굳이 묻지 않아도 대략 짐작할 수 있다는 장점이 있습니다.

 덕그무 감사일기

- 덕 : 덕분에 감사

  예) 소행성 강의에 좋은 참여자들을 만나 함께 성장하니 감사합니다.
- 그 : 그럼에도 감사

  예) 아이가 체육 시간에 다쳐 팔이 골절됐는데 왼팔이라 감사합니다.
- 무 : 무조건 감사

  예) 두 아이와 남편이 내 옆에서 안녕 무사하여 감사합니다.

 자기 위로와 감사일기

지난 시간을 잘 견뎌낸 ○○아. 네가 정말 자랑스러워.
그 동안 남들에게 이야기하지 못한 수많은 일을 겪었지.

앞으로는 그런 너를 위로하며 살 거야.

네가 힘들 때 왜 힘든지 물어봐 주고, 너를 잘 돌볼 거야.

네가 어떤 모습이어도 너를 자랑스러워할 거야.

네가 어떤 모습이어도 나는 너를 사랑할 거야.

덕그무 감사일기 쓰기

자기 위로 일기 쓰기

늘 그렇듯 모든 활동은 복습과 부단한 연습이 답인 거 아시죠? 한 번 하고 만다거나 또는 한 번에 여러 가지를 시도하지 마세요. 그렇다고 하루도 빼놓지 않고 일기를 쓸 필요도 없습니다. 너무 애 쓰지 말고 즐겁고 쉽게 접근해야 오래 갈 수 있습니다. 자신의 일정 에 맞게 꾸준한 습관으로 만드는 것이 중요합니다.

마지막으로 '자기 위로'를 따라 해보시길 바랍니다. 자녀에게도 꼭 해보라고 권해주세요. 사실 인문학, 인성, 관계 등은 자연스레 터득하여 몸에 체화되어야 하기 때문에 이런 활동과 프로그램을 통해서 나부터 소통하고 행동하고 성장하는 관계 역량을 키워야 합니다. 그리고 나서 아이와 활동을 함께해 보세요. 이번 수업 과 정을 통해 나만의 노하우와 루틴을 만들어 가족과 멋진 관계, 행복 한 관계를 잘 맺으시길 응원합니다!

1. 소통하는 관계 맺기

: 모든 관계에 있어 소통은 기본, 열릴 소, 통할 통! 열리고 통하는 데 경험만 한 게 없다. 책을 통한 간접 경험 안에서의 다양한 대화는 아이와 부모 사이에 가장 좋은 매개체가 된다. 어려서부터 도서관에서의 즐거운 나들이를 경험하도록 하자.

2. 행동하는 관계 맺기

: 백인백색 사람들은 달라서 아름답다. 관계에 있어 소극적이어도 얼마든지 적절한 행동과 실천력으로 좋은 관계의 밑거름을 만들 수 있다. 다양한 경험을 쌓기 위해서 혼자 애쓰려 하지 말고 주변에서 도움을 충분히 받고 우물 안 개구리가 되지 않도록 하자.

3. 성장하는 관계 맺기

: 아이가 타인과의 관계 맺기가 될 무렵이면 엄마는 아이와 함께 성장하는 상승 마스터로서의 관계 맺기가 시작된다. 세계시민으로서 함께하는 아이로 자라날 수 있도록 부모가 본보기가 되어주자. 그러려면 기본적으로 바른 인성과 공동체 의식이 기본이 되어야 한다.

4. 관계 맺기의 핵심

1. 인생도 타이밍? 메모도 타이밍이다.
2. 열 마디 말보다는 한마디 글이 효과적이다.
3. 사소한 부분을 기억하고 감사하자.
4. 기브 & 테이크는 기대하지 말라.
5. 무엇보다 존중과 꾸준함이다.

◉ 수업 후 느낀 점 & 남기고 싶은 말

4교시

감정코칭

표정으로 감정을 이해하고, 관계를 개선시키고,
창의력을 키우고, 비폭력 대화를 이끄는
4단계 감정코칭

4교시 감정코칭 수업을 시작합니다. 지난해 코로나 때문에 거리두기, 비대면, 원격수업 등에 익숙해지다 보니 감정소비가 필요 이상으로 많았어요. 우리의 마음을 좌지우지하는 감정컨트롤 타워에 불이 켜진 셈이죠. 몇 해 전 인간의 감정을 다룬 영화 『인사이드 아웃』을 기억하시나요? 모든 사람의 머릿속에 존재하는 감정컨트롤 본부. 그곳에는 불철주야 열심히 일하는 기쁨이, 슬픔이, 버럭이,

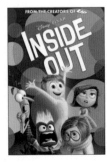  까칠이, 소심이, 이렇게 다섯 감정의 캐릭터가 있었죠. 이사 후 새로운 환경에 적응해야 하는 '라일리'를 위해 그 어느 때보다 바쁘게 감정의 신호를 보내지만 우연한 실수로 기쁨이와 슬픔이가 본부를 이탈하게 되면

서 라일리의 머릿속에서 벌어지는 놀라운 일들에 대해 다룬 영화입니다. 영화의 발상이 창의적이고 상상력을 자극하는 내용들이 많아서 자유학년제 아이들 심리정서 수업에서 이 영화를 많이 거론하며 아이들의 감정 이해를 돕고 있어요. 안 보셨다면 아이와 함께 보시길 추천합니다.

이번 수업은 감정을 코칭하는 방법에 대한 내용입니다. 우선 사람의 감정이 드러나는 표정을 알아보고, 그 표정을 보며 감정을 이해하는 연습을 해보겠습니다. 이 활동은 결국 자신의 마음을 알아보는 활동입니다. 자신의 감정을 직면하고 이해해야 상대의 감정을 읽을 수 있고, 공감할 수도 있으니까요. 자신은 물론 상대의 감정을 읽고 이해하게 되면 서로의 관계가 좋아집니다. 더불어 창의력, 사고력이 원활해져요. 이를 바탕으로 폭력적이지 않은 대화로 관계를 이끌 수 있는 방법을 알려드릴게요. 이번 수업은 특히 자녀들과 함께할 수 있는 활동들을 위주로 진행하겠습니다.

 감정코칭이란?

감정코칭은 감정적 문제를 잘 다루도록 보다 체계적으로 지도하는 방법이에요. 아동심리학자 하임 기너트 (Ginott, 1972) 박사가 처음 제안하였고, 워싱턴 주립대학 심리학과 명예교수인 존 가트맨(Gottman, 1997) 박사가 부모로 하여금 자녀의 감정, 특히 부정적 감정을 수용하고 적절히 대처할 수 있도록 돕는 정서 조절 프로그램을 고안했습니다. 우리나라에서는 최성애, 조벽 교수(2011)가 감정코칭 5단계로 감정 인식하기, 감정 경청하기, 감정 공감하기, 감정 표현 돕기, 스스로 문제를 해결하도록 이끌기로 제안하여 감정코칭을 시작했습니다. 즉, 감정코칭이란 '아이의 마음은 공감하지만 행동에는 분명한 한계를 주어 바람직한 방향으로 이끌어주는' 관계의 기술이라고 볼 수 있습니다.

감정코칭의 효과

- 집중력이 높아진다.
- 자기 주도 학습 능력이 우수해 성취도가 높아진다.
- 기분이 나쁘더라도 자기 진정을 잘한다.
- 심리적 면역력이 강해진다.
- 또래 관계가 좋아질 수 있다.
- 변화에 능동적으로 대처할 수 있다.
- 감염성 질병에 덜 걸릴 수 있다.

 1단계 : 표정으로 말해요

사람들은 대부분 특정한 기분이나 감정을 체험하려는 성향을 가지고 태어난다고 해요. 다만 감정을 체험하는 강도는 각자의 성격에 따라 다를 수 있지요. 어떤 사람은 쉽게 감정을 드러내는 편이지만, 또 어떤 사람은 무뚝뚝하고 감정을 드러내지 않기도 하잖아요. 시간이나 상황이 감정에 영향을 미치기도 하지만, 감정에 영향을 미치는 가장 큰 요인은 성격입니다. 그렇기 때문에 자신의 성격을 객관적으로 살펴보는 것이 중요합니다. 하지만 성격은 눈에 보이지 않기 때문에 우리는 눈에 보이는 모습을 통해 감정을 측정하게 됩니다.

그렇다면 감정은 어떻게 표출될까요? 아이들과 수업을 시작할 때 이렇게 질문을 던집니다. "○○가 기분이 좋고 나쁨을 선생님이 발바닥을 보고 알 수 있을까요?" 아이들은 벌써 까르르 웃기 시작하지요. 그때 아이들에게 다시 질문을 던집니다. "감정과 기분은 어디서 알 수 있을까요?" 아이들 대부분은 '얼굴'이라고 말합니다. 맞습니다. 우리 인간은 얼굴에 있는 43개 근육의 미세한 움직임을 통해 '표정'을 짓고, 그 표정을 통해 상대의 감정을 읽을 수 있습니다.

 감정은 표정으로 먼저 알아요

그럼 '표정'의 사전적 정의를 먼저 볼까요? 표정이란 마음 속 감정이나 정서 등이 얼굴에 드러난 모양으로 의사소통의 중심, 내면을 비추는 거울로도 표현됩니다. 표정은 결국 호감이 가는 이미지를 전하고 원만한 인간관계의 마중물이 된다고 볼 수 있어요.

폴 에크만(Paul Ekman)은 미국 캘리포니아 대학의 명예교수이자 심리학자이며 정서 및 얼굴 표정과의 관계를 연구한 선구자입니다. 이미 표정, 몸짓, 목소리만으로 거짓말을 알아내고, 상대방이 어떤 감정 상태인지 알아내는 비언어적 커뮤니케이션 분야의 세계적 전문가죠. 그는 오지에서의 경험과 오랜 시간 동안의 연구를 통해 사람의 표정과 감정은 문화나 학습에 의한 것이 아니라 본능에 의한 것이라는 것을 증명했습니다.

<출처 : 폴 에크만의 6가지 표정 분석>

**감정을 가지면 얼굴에 표정이 나타나고,
얼굴에 표정을 지으면 감정이 내면에 발생한다 - 폴 에크만**

 감정과 관련한 단어의 의미

그렇다면 도대체 '감정'은 뭘까요? 흔히 상대의 감정을 물을 때는 "너의 감정은 어때?"라고 묻지 않지요. 대부분은 "기분이 어때?"라고 묻습니다. 대답을 할 때에도 "기분 좋아."라고 하지 "감정 좋아."라고 표현하지 않습니다. 기분, 느낌, 정서, 감성 등과 같은 단어들은 감정과 비슷한 의미를 가지고 있어서 혼용되거나 잘못 이용될 수 있는 단어들이에요. 이 단어들의 미묘한 차이부터 알아보면 각 단어가 가지고 있는 뉘앙스나 보편적으로 사용되는 상황을 파악할 수 있어요. 예를 들어, '한국인의 정서'라고 말할 때와 '한국인의 감정'이라 말할 때는 분명히 차이가 느껴지거든요.

사전적 정의에 의하면, '감정'이란 어떤 현상이나 일에 대하여 일어나는 마음이나 기분(feeling), '심리'란 마음의 작용과 의식의 상태, '정서'란 사람의 마음에 일어나는 여러 가지 감정이나 감정을 불러일으키는 기분 또는 분위기(emotion)입니다.

- 감정 : 어떤 현상이나 일에 대하여 일어나는 심리적 변화로 생리적 현상과 동반되어 나타나는 것
- 심리 : 마음의 작용과 의식의 상태
- 정서 : 사람의 마음에 일어나는 여러 가지 감정이나 감정을 불러일으키는 기분 또는 분위기
- 기분 : 대상·환경 따위에 따라 마음에 절로 생기며 한동안 지속되는, 유쾌함이나 불쾌함 따위의 감정
- 느낌 : 몸의 감각이나 마음으로 깨달아 아는 기운이나 감정
- 감성 : 자극이나 자극의 변화를 느끼는 성질

나의 감정 알아차리기

감정코칭에서 가장 중요하고 우선해야 할 것은 바로 '자신의 감정 알아차리기'입니다. 사람들은 매일매일 날씨에는 매우 민감하여 일기예보는 꼭 체크하면서도 정작 자신의 마음날씨는 챙기지 않아요. 느닷없이 마음에 소나기가 쏟아지거나 이유 모를 긴 장마가 닥치면 그제서야 알아차리지요. 심지어는 이유도 모른 채 다른 곳에 그 감정을 풀기도 합니다. 부모가 자기감정을 제대로 알고 이해하지 못하면 자녀의 감정을 이해하는 일은 더 어려울 수밖에 없습니다.

자신의 감정을 돌아보려면 어떻게 해야 할까요? 다음의 기본 3종

세트를 기억하세요. 알아차림, 내려놓음, 마음챙김입니다. 자신의 마음을 알아차리고, 적절하게 근심 걱정을 내려놓기도 하면서, 궁극적으로 자신의 마음날씨를 효과적으로 챙기고 감정을 관리하는 것입니다.

1 _ 마음날씨 알아보기

우선 내 마음날씨를 점검해 보세요. 마음날씨를 알아야 비가 오면 우산을 쓰고 더우면 옷도 좀 갈아 입을 수 있습니다. 정형외과에서도 의사가 환자에게 통증 정도를 1~10까지 중 어느 정도인지 물어보지요. 환자의 통증을 정확히 알 수 없기 때문에 수치로 판단을 하는 것과 같은 맥락으로 보면 될 것 같아요.

<내 마음날씨는 어디쯤일까?>

예를 들어, 오늘 내 마음날씨가 6 정도라고 판단하고 일을 하거나 사람을 만나면 자신의 상태가 썩 좋지 않다는 걸 알기 때문에 컨디션을 감안하면서 조절할 수 있죠. 더불어 관계에 있어서도 조심할 수 있지요. 그런데 만약 전혀 염두에 두지 않는다면 괜한 짜증을 낼 수도 있고 이유없이 화가 나서 감정 조절에 실패할 수 있어요. 그러니 스스로 마음날씨를 주기적으로 점검하는 습관을 갖길 바랍니다.

2 _ 감정 단어 초성 게임

다양한 방법으로 감정 단어를 살펴보는 것도 감정을 아는 데 도움이 됩니다. 감정 단어를 알려면 초성을 보고 어떤 감정인지 맞히는 '초성 게임'이나 1분 안에 누가 가장 감정 단어를 많이 쓰는지 알아보는 '타이머 게임'을 하면 좋아요. 생각보다 아이들도 성인들도 감정 단어를 많이 쓰지 못하더라고요. 아이와 함께 아래에 제시한 감정 단어들을 보면서 단어에 대해서 이야기를 나눠 보세요. 우리의 감정 단어를 하루에 한두 개씩이라도 알아가면 영어 단어 50개 외울 때보다 더 마음이 풍성해짐을 느낄 수 있을 거예요.

ㄱㅃ		ㅎㄴ	
ㅎㅂㅎ		ㅅㅍ	

<보기>
기쁜, 화난,
행복한, 슬픈

● 욕구가 충족되었을 때

감동받은, 뭉클한, 감격스런, 벅찬, 환희에 찬, 충만한, 감사한, 즐거운, 유쾌한, 통쾌한, 기쁜, 행복한, 뿌듯한, 만족스런, 상쾌한, 흡족한, 후련한, 든든한, 흐뭇한, 홀가분한, 편안한, 평화로운, 흥미로운, 재미있는, 활기찬, 짜릿한, 신나는, 용기 나는, 당당한, 살아있는, 생기가 도는, 자신감 있는, 힘이 솟는, 흥분된, 두근거리는, 기대에 부푼, 들뜬, 희망에 찬…

● 욕구가 충족되지 않았을 때

걱정되는, 까마득한, 암담한, 염려되는, 신경이 쓰이는, 뒤숭숭한, 겁나는, 불안한, 조바심 나는, 안절부절못한, 조마조마한, 초조한, 불편한, 거북한, 떨떠름한, 언짢은, 괴로운, 멋쩍은, 쑥스러운, 답답한, 슬픈, 울적한, 참담한, 안타까운, 한스러운, 서운한, 애석한, 맥 빠진, 지친, 힘든, 창피한, 민망한, 당혹스런, 무안한, 부끄러운, 화나는, 속상한, 약 오르는…

3 _ 감정 빙고 게임

감정과 표정은 떼려야 뗄 수 없는 관계입니다. 앞서 초성 게임으로 워밍업을 했으니 이번엔 아이와 함께 빙고 게임을 해보세요. 빙고 게임은 모든 아이들이 정말 좋아하는 활동 중 하나라서 다양하게 시도할 수 있습니다. 물론 아이가 여럿일수록 재미있겠죠? 경우에 따라서는 1줄 빙고, 2줄 빙고 등 아이가 원하는 대로 해주세요. 모든 활동에서 재미는 기본적인 요소이고, 덧붙여 의미를 부여하면 효과는 더욱 커집니다. 게임을 한 후 느낀 점을 말하게 하세요. 아이들 스스로 재미 요소에 의미 요소를 더하게 하는 것이죠.

또 다른 방법도 있어요. 아이들에게 기분이 좋아지게 만드는 것과 나빠지게 만드는 것들을 떠올리게 한 뒤 그 감정과 표정을 연결해 보도록 하세요. 예를 들어, '기분이 좋아지는 것 - 초록 숲, 감정 단어 - 여유로운'을 말한 아이는 표정으로 '웃는 얼굴'을 선택했어요. 반대로 '기분이 나빠지는 것 - 어둠, 감정 - 공포'를 말한 아이는 표정으로 '일그러진 얼굴'을 선택하더군요.

간단한 활동이지만 아이가 편하게 감정과 표정을 연결할 수 있답니다. 아이들은 이런 활동을 통해서 자연스레 '감정이란, 표정이란 이런 거구나' 하며 의미를 깨달을 수 있습니다.

4 _ 마스크에 표정 그리기

'커뮤니케이션 중 7%만이 말하는 내용에 의해 전달되고, 38%는 우리가 내는 소리에 의해, 55%는 신체언어를 통해 전달된다.'는 메라비언의 법칙을 보면 대화에서는 시각과 청각 이미지가 중요시된다는 것을 알 수 있습니다. 그만큼 표정이나 억양, 제스처(말의 효과를 더하기 위하여 하는 몸짓이나 손짓) 등 신체언어, 다시 말해 비언어가 커뮤니케이션에 중요한 역할을 한다고 볼 수 있습니다.

메라비언 법칙

한 사람이 상대로부터 받는 이미지는 시각이 55%, 청각이 38%, 언어가 7%에 이른다는 법칙. 캘리포니아대 로스앤젤레스 캠퍼스(UCLA) 심리학과 명예교수인 앨버트 메라비언(Albert Mehrabian)이 1971년에 출간한 저서《Silent Messages》에 발표한 것으로 커뮤니케이션 이론에서 중요시된다. 특히 짧은 시간에 좋은 이미지를 주어야 하는 분야에 많이 활용되는 이론이다.

이렇게 감정을 드러내는 가장 큰 표현 요소인 시각적 이미지에 대한 마지막 활동은 '마스크에 내 감정 표정 그리기'입니다. 현장에서 수업을 할 때는 건빵에 표정을 그리고, 모둠활동으로 스토리를 만들어 발표하게 했더니 아이들이 무척 즐거워했어요. 하지만 코로나 이후 비대면으로 수업을 하려다 보니 건빵을 손수 준비하라고 하기 번거로울 듯해서 고민하다가 생각해낸 아이디어입니다.

마스크에 표정 그리기는 마스크에 아이가 원하는 표정을 그리게 하는 거예요. 어떨 때 짓는 표정인지, 최근에 그런 표정은 언제 지었는지 대화해 보세요. 지금은 마스크가 가장 쉽게 준비할 수 있는 재료여서 아이디어를 냈는데, 생각보다 반응이 폭발적이었어요. 마스크에 가려진 표정을 서로 짐작해야 하는 이 시대에 감정을 마스크에 그려 본다는 것 자체가 아이러니하면서도 재미있더라고요. 다양한 감정을 시각적으로 표현해 내고, 상대의 감정을 표정을 통해 읽어내는 즐거운 활동이랍니다.

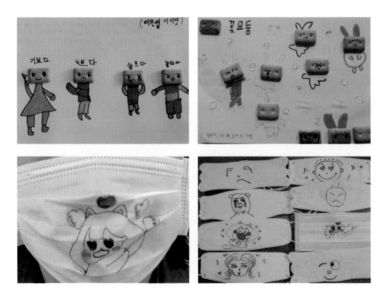

수업 시간 활동 사례들

활동 정리 및 소감 발표(배느실)

저는 수업이 끝나면 활동을 정리하고 소감을 발표하는 시간을 갖는데, 여기에 '배느실'이라는 이름을 붙였어요. '배우고, 느끼고, 실천한 것'을 정리한다는 의미입니다. 처음엔 다소 어려워해도 수업을 반복하면 대개의 아이들이 익숙하게 잘 해냅니다. 발표력을 키우고, 생각을 정리하여 논리적으로 말하는 데도 효과적입니다.

- 오늘 배운 것은 무엇인가요?

- 수업 시간에 느낀 점은 무엇인가요?

- 배우고 느낀 점으로 실천할 것은 무엇인가요?

위의 순서대로 발표하게 하고 습관을 들이면 됩니다. 이 활동을 반복하다 보면 금세 자신만의 생각을 논리적으로 정리해 낼 수 있습니다. 배느실을 통해 정리한 뒤, 끝으로 나의 감정 선언문을 각자 작성하여 소리내어 읽게 합니다. 자신은 물론 함께하는 사람에게도 확언 이상으로 좋은 영향을 미칩니다.

나의 감정 선언문

- 마음을 열고 서로를 알아가는 시간을 갖습니다.
- 나는 상대가 _____ 하게 해줄 때 마음이 열립니다.
- 그래서 나도 상대에게 _____ 하게 대해 주겠습니다.
- 이 책을 통해 _____를 실천하겠습니다.

2단계 : 관계야 놀자

감정코칭 두 번째는 관계 수업입니다. 앞서 연습한 대로 표정을 통해 자신의 감정을 알아차리고 편안한 상태로 마음챙김을 하다 보면 어느새 상대의 감정을 읽을 수 있습니다. 이렇게 서로를 알고 이해하게 되면 소통이 원활해지고 행동하게 되어 성장하는 관계로 발전해 가지요.그럼 이제 아이들과 함께 할 수 있는 활동을 해볼까요?

이 수업은 아이 스스로 관계도를 그려 보면서 자신이 맺고 있는 관계에 대해 생각하는 시간을 갖는 데 의의가 있습니다. 혹여 지금 아이가 느끼기에 주변과의 관계가 만족스럽지 않다면 앞으로 어떤 노력을 할 수 있을지 물어보고, 반대로 만족스럽다면 앞으로도 그런 좋은 관계를 유지하도록 응원해 주시면 됩니다.

1 _ 마음날씨 알아보기
첫 활동으로 가볍게 마음날씨를 점검해 주세요.(62쪽 참조)

2 _ 라포 형성을 위한 관계 게임

그림을 아이에게 보여주고 나무막대의 개수가 몇 개로 보이는지 물어 보세요. 과학 시간에 본 적이 있는 아이들은 "아! 이거 착시예요."라고 말하고, 모르는 아이들은 "어? 이상해요. 여기서 보면 4개고, 저기서 보면 3개로도 보여요."라고 말합니다. 아이들마다 각자 다양한 답들이 나올 수 있지요. 그다음에는 이 그림이 '관계'와 무슨 연관이 있는지 질문해 보세요. 아마도 다양한 대답이 나올 거예요. 물론 대답을 하지 못해도 괜찮습니다. 생각을 하는 것만으로도 의미가 있으니까요.

이런 대화를 하면서 '관계가 바로 이런 것이야.'라고 얘기해 줄 수 있어요. 누구나 상황에 따라 또 감정의 좋고 나쁨에 따라 표현도 생각도 달라질 수 있고, 그 다양함이 그때그때의 관계에 영향을 미치는 것이죠. 어떤 관점으로 보는가에 따라서 나무 막대의 개수가 달라지는 것처럼 말이죠. 좋은 관계를 위해서라면 '달라서 아름다운 우리'라는 생각을 기본적으로 갖고 있어야 해요. 내 생각이 다르고 상대 생각이 다른 게 당연한데, 내 생각대로만 하려고 하면 당연히 갈등이 생기고 관계를 그르치게 된다는 걸 알려주세요.

이제 '발상의 전환을 돕는 퀴즈'와 '이심전심 게임'을 해봅시다. 게임을 통해서 우리가 상대와 얼마나 마음이 맞는지 혹은 다른지 활동해 보는 거예요. 아이들은 기본적으로 퀴즈나 게임을 좋아해요. 단, 너무 어렵지 않은 수준으로 가볍게 뇌 활동을 할 수 있는 간단한 활동이 좋습니다.

• 발상의 전환을 돕는 게임

Q _ 하나의 컵에는 콜라가, 하나의 컵에는 주스가 들어 있습니다. 컵 안에 있는 내용물의 위치를 바꾸기 위해 추가로 필요한 최소한의 컵은 몇 개일까요?

A _ 더 이상 컵이 필요 없다. 두 컵의 위치만 바꾸면 된다.

Q _ 식탁 위에 10개의 양초에 불이 켜져 있었고, 잠시 후 초 3개에 불이 꺼졌습니다. 마지막 식탁 위에는 몇 개의 양초가 남았을까요?

A _ 3개. 다 타기 전에 꺼진 양초만 남아 있다.

• 이심전심 게임

이심전심 게임은 두 가지 단어를 제시하고 동시에 마음에 드는 단어를 외치는 게임이에요. 예를 들어, "떡볶이 vs 라볶이, 하나, 둘, 셋!" 하면 동시에 원하는 것을 외치는 거예요. 부먹 vs 찍먹, 짬뽕 vs 짜장면, 게임 vs 인터넷 등 단어 사례는 만들기 나름이에요. 어떤 준비물이 없어도 언제 어디서나 할 수 있는 게임입니다. 서로에 대해 알아가면서 동시에 마음이 통하는지 알 수 있어서 관계에 도움이 되는 활동입니다.

3 _ 숫자로 배우는 관계

이제 관계를 친근하게 느낄 수 있도록 369, 248, 911이라는 세 개의 숫자로 관계를 되짚어볼 거예요. 369, 248, 911, 이 숫자들 속에는 과연 어떤 이야기가 담겨 있을까요?

통상 사람이 3번을 만나면 상대를 인식하게 되고, 6번을 만나면 친밀감이 생기고, 9번을 만나면 마음을 연다고 합니다. 이것이 369의 의미입니다. 누군가와 계속 좋은 관계를 유지하고 싶다면 적어도 9번 이상은 만나야 한다는 내용을 담고 있습니다.

248은 내가 2개를 갖고 싶으면 상대에게 4개를 주고, 내가 4개를 갖고 싶으면 상대에게 8개를 주라는 의미입니다. 타인과 관계를 맺을 때 기브 앤 테이크(give and take)를 따지면 좋은 관계를 형성할 수 없다는 것이죠. 사람과의 관계 속에서 주는 만큼 돌려받거나, 받는 만큼 돌려주는 계산적인 관계는 서로 마음을 열고 친해지는 데 적절치 않다는 이야기를 아이와 함께 나눌 수 있습니다. 하지만 주고 받아야만 하는 것에 익숙해서 이 이야기에 공감하지 못하는 아이라면 그럴 수 있지, 당연하지라고 공감해 주세요.

마지막으로 911입니다. 이 숫자를 들으면 미국 911 테러사건을 떠올리는 경우가 많은데 사실 연관이 있습니다. 산업안전재해본부의 특강을 들었는데, 통상 어떤 사고가 나기까지는 26번의 시그널이 있다고 하더군요. 미국의 남센터 북센터 테러 사건 때도 시그널이 있었다고 해요. 예방할 수 있었던 인재라는 거죠. 관계에서도 마찬가지로 시그널이 분명이 존재합니다. 그래서 9번을 잘해도 그 다음 10번, 그다음 11번째도 세심한 주의를 기울여야 하는 것이죠.

911은 여러 번 지속적으로 노력하는 의미의 숫자인 동시에 시그널을 무시하지 말라는 경고도 포함한 숫자라고 볼 수 있습니다. 조심히, 소중히 그러나 지속적으로 노력해야 하는 것이 관계인 거죠. 특히 가까운 관계일수록 더 조심해야 합니다.

4 _ 나와 관계 맺기

우리는 삶의 중요한 요소인 관계를 어떻게 맺고 있을까요? 나와 관계 맺기, 타인과 관계 맺기, 사회와 관계 맺기의 세 가지 경우로 나눠볼 수 있어요. 그렇다면 이 중에서 어떤 관계 맺기가 가장 중요할까요? 단연코 나와의 관계 맺기가 중요합니다. 그러나 관계는 혼자 맺는 게 아니라는 이유로 타인과 관계 맺기가 제일 중요하다고 생각하는 사람들이 대부분입니다. 예전에 매우 유명한 모 강사의 현장 강의에서 들었던 인상적인 멘트가 지금도 잊혀지지 않아요. 그때 강사가 던진 첫 질문은 다음과 같았습니다.

"여러분, 세상에서 제일 어려운 게 뭔지 아세요?"

객석에서 술렁술렁 대기 시작할 즈음 강사는 이렇게 대답했습니다. "나 데리고 사는 게 가장 어려워요."

그 말은 그 당시 제 마음을 크게 흔들었습니다. 나를 데리고 산다는 말이 낯설었지만 이해가 되더군요. 저는 그것을 '나와의 관계 맺기'라고 정리했어요. 결국 나와 온전히 관계를 잘 맺어야 타인과도, 사회와도 관계를 잘 맺을 수 있으니까요. 그만큼 나와 관계 맺기, 나에 대한 이해는 모든 일을 하기 앞서서 가장 최우선으로 해야 하는 일입니다. 나와 관계를 잘 맺어야 비로소 타인과도 세상과도 순조롭게 의미 있는 관계를 맺을 수 있습니다.

먼저 아래의 그림카드에 적힌 질문에 대한 답을 아이와 함께 해 보세요. 나를 먼저 알아보는 과정입니다. 평소 나에 대한 생각을 얼마나 하는지도 생각해 보면 좋습니다.

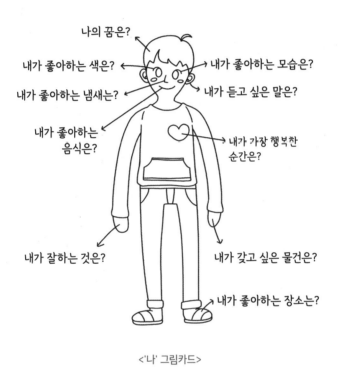

<'나' 그림카드>

• 나를 이해하기 (스스로 질문을 만들고 답해 보세요.)

Q1_

A1_

Q 2 _

A 2 _

• 내가 원하는 것 알기

내가 만약 (   )이라면, (   ) 하겠다.

5 _ 나의 관계지도 그리기

이제 마지막으로 아래에 관계지도를 그리고 아이가 충분히 생각할 시간을 주세요. 그다음 각각의 범위에 해당하는 사람의 이름을 적도록 합니다.

나의 관계지도 작성 후 내 관계에 대해 만족하는지, 그렇지 않은지 질문하고 이야기를 나눠 보세요. 관계가 만족스럽지 않다는 아이들에게 이유를 물으면 "단짝 친구가 더 많았으면 좋겠어요.", "저는 친한 사람에 적을 이름이 많지 않아서 속상해요." 등 다양한 답이 나와요. 이럴 때 만족치 못하는 부분에 대해서 충분히 소통하는 것이 중요합니다. 아이에게 "어떻게 했으면 좋겠어?"라고 물어보세요. 놀랍게도 아이들 스스로 답을 알고 있는 경우가 많습니다.

활동 정리 및 소감 발표(배느실)

배느실로 소감 발표와 질문을 받고 마무리합니다.

• 오늘 배운 것은 무엇인가요?

• 수업 시간에 느낀 점은 무엇인가요?

• 배우고 느낀 점으로 실천할 것은 무엇인가요?

 3단계 : 창의력 팡팡

　　　　　감정코칭 2단계가 끝났네요. 이제 자신의 감정을 알아차리고 타인의 감정을 예전보다 잘 느낄 수 있게 되었나요? 그렇다면 감정코칭이 잘되고 있는 거예요. 1단계 수업에서는 표정으로 감정을 자유자재로 표현하고 알아차리면 결국 관계가 원만해지고, 다른 사람의 감정도 읽을 수 있다는 것을 알게 되었

죠. 2단계 수업을 통해 나와의 관계 맺기를 가장 우선시해야 한다
는 것과 나에 대해서 평소 생각해 보지 못했던 것들에 대해 알아
봤어요. 나를 먼저 돌아보고 관계지도를 그려보면 주변과의 관계에
대해서도 만족하게 됩니다. 이런 만족의 경험이 쌓이면 사고는 유
연해지고 창의력이 팡팡 터지는 단계에 이르게 되지요. 이것이 바
로 우리 아이들이 살아갈 미래 4차 산업 혁명 시대에 가장 요구되
는 역량, '문제해결력'과 '창의력'입니다.

　같은 그림을 보고도 어떤 아이는 숲을, 어떤 아이는 사람을 보기
도 합니다. 반면 숲 사이를 가르는 바람을 보는 아이도 있어요. 세
상을 다양하게 바라볼 수 있는 새로운 시각과 관점을 갖게 해주는
것이 아주 중요한 시대입니다.

1 _ 마음날씨 알아보기
첫 활동으로 가볍게 마음날씨를 점검해 주세요.(62쪽 참조)

2 _ 무엇이 보일까?

고흐의 얼굴이에요. 익숙한 모습
이죠? 그런데 자세히 들여다보면 다
른 그림들이 하나둘씩 눈에 들어옵
니다. 우크라이나의 화가 올렉 슈프
락(Oleg Shuplyak)은 이렇게 착시를 일
으키는 그림을 그리곤 해요. 많은 볼
거리와 생각거리를 제공하지요.

자, 뭐가 보이시나요? 이 그림에서 아이들은 신나게 콧잔등에 농부의 모습, 귀 부분의 여인의 뒷모습, 눈 부분의 초가집의 창문 등을 찾아냅니다. 그런데 한 아이의 대답이 참 놀라웠습니다. "선생님, 바람이 보여요."라고 말하더군요. 어디서 바람이 보이냐고 물었더니 고흐의 이마와 머리카락, 수풀의 움직임에서 바람이 느껴진다고 대답했어요. 누구나 쉽게 할 수 있는 대답은 아니었습니다. 이렇게 같은 그림을 보더라도 보는 건 전혀 다를 수 있습니다. 그림을 바라보는 시선이나 관점에 각자의 감정이 담기기 때문입니다.

3 _ 나는 어떤 사람인가?

나에 대한 탐구는 사실 끝이 없어요. 내가 어떤 사람인지 내 뇌 속을 들여다볼 수 있으면 참 좋겠지만 그럴 수는 없지요. 나를 이해하려면 나에 대해 깊이 생각해 보는 시간을 가져야 합니다.

뇌 속에 그려진 번뜩이는 전구에서 나오는 질문에 답을 해볼까요? 내 관심과 흥미는 뭔지, 내가 가장 행복한 때는 언제였는지, 성취감을 느낀 적은 언제인지, 내가 문제라고 생각하는 게 있다면 뭔지 등 다양한 질문을 통해 생각을 정리해 볼 필요가 있습니다.

- 내가 요즘 관심이 있는 것은?
- 내가 남보다 잘하는 것은?
- 내가 가장 행복하다고 느낄 때는?
- 내가 고치고 싶은 게 있다면?
- 내가 성취감을 느낄 때는?

4 _ 관찰 게임

창의력은 태어날 때부터 장착하고 있거나 어느 날 갑자기 하늘에서 뚝 떨어지는 능력이 아니에요. 실제로 창의력은 일상에서 늘 하는 세심한 관찰로부터 시작되지요. 일상 속에서 무엇이 불편한지, 완벽해지기 위해 부족한 2%가 무엇인지, 그 부족함을 어떤 방법으로 채울 수 있는지 등을 생각하다 보면 새로운 제안도 생기고 발명품도 나오는 것이죠.

그래서 이번에는 간단한 활동으로 뇌에 폭풍을 일으켜 보겠습니다. '종이컵으로 할 수 있는 모든 것을 1분 안에 써 보기'입니다. 불편한 점, 바꾸고 싶은 점, 필요한 점 등 아이디어를 1분 안에 쓰고 타이머가 울리면 모두 공유하는 거예요.

종이컵으로 할 수 있는 모든 것을 1분 안에 써 보기

그런 다음에는 기발하고 창의적인 실제 사례를 제시해 주세요. 오른쪽 사진에서 보면 알 수 있듯이 발명은 관찰에서 시작됩니다. 자세히 관찰하다 보면 불편한 점, 바꾸고 싶은 점, 필요한 점 등이 눈에 보입니다. 그것들을 해결하는 과정에서 새로운 아이디어가 나

오고 이것이 결국 창의력으로 이어집니다. 그러기 위해서는 평소에
도 자세히 관찰하고, 생각하고, 분석하는 힘을 키우는 것이 좋습니
다. 관찰 게임은 간단하지만 우리의 두뇌를 활발하게 움직이게 하
는 데 무척 유용한 게임입니다.

청각장애인을 배려하여 만든 보이는 마스크

비 온 후 바로 앉을 수 있는 롤링 벤치

네덜란드 오버베히트역에 설치된 대형 미끄럼틀

스위스 취리히 영화관 화장실

5 _ 스파클링 창의력

다음에 제시된 카드 중에서 2가지를 골라 나만의 발명품을 만들
어보는 활동입니다. 수업을 할 때 아이들이 가장 좋아하는 활동 중
하나랍니다. 무작위로 고르기 때문에 전혀 관련이 없을 것 같은 립
스틱과 가위, 컴퓨터와 강아지 등을 고르기도 하죠. 서로 연상되기
쉽지 않은 사물들을 연결해서 창의력을 발휘해 자신만의 제품을
발명하는 흥미로운 활동이에요.

컵	가위	침대	라면
곰돌이	볼펜	피아노	마스크
종이	휴대폰	초콜릿	강아지
지우개	사탕	안경	컴퓨터

단어카드를 연결하여 제품을 고안한 아이의 활동 사례

활동 정리 및 소감 발표(배느실)

배느실로 소감 발표와 질문을 받고 마무리합니다. 함께한 아이에게 아래 문장을 마지막으로 보여주세요. 무엇이든 시도하고 도전하려는 노력이 중요합니다!

- 오늘 배운 것은 무엇인가요?

- 수업 시간에 느낀 점은 무엇인가요?

- 배우고 느낀 점으로 실천할 것은 무엇인가요?

오늘은
딱 한 가지만 기억해!

아무것도 하지 않으면
아무 일도 일어나지 않아!

4단계 : 비폭력 대화

감정코칭의 마지막은 비폭력 대화 수업입니다. 비폭력 대화, 왠지 어려워 보이나요? 접해 보지 않아서 그렇답니다. 개념 자체도 일상적인 용어가 아니라서 아이들이 어려워할 수도 있겠다 싶었지만 기우였어요. 아이들은 스폰지 같은 존재라서 어른들에 비해 더 적응을 잘 하더군요. 평소 이런 선입견이 얼마나 많은지 모릅니다. 이 시간은 마셜 로젠버그(Marshall B. Rosenburg)에 의해 주창된 비폭력 대화를 쉽고 재미있는 역할극과 놀이, 퀴즈를 통해서 익혀 보는 시간입니다. 우선 비폭력 대화의 개념을 짚어 볼게요.

 비폭력 대화와 평화 언어

비폭력 대화(NVC ; Non Violent Communication)는 미국의 마셜 로젠버그 박사가 주창해서 한국의 캐서린 한(한국비폭력 대화센터 대표)이 국내에 보급한 것입니다. 우리 마음 안에 폭력을 가라앉히고 자연스러운 본성인 연민의 상태로 다른 사람들과 관계를 맺자는 것으로, 이에 도움이 되는 말하기와 듣기의 대화 방법을 말해요.

여기서 말하는 '비폭력'은 간디가 사용한 것과 같은 뜻으로 쓰입니다. 곧, 우리 마음 안에서 폭력이 가라앉고 연민이 남은 상태를 말하죠. 우리가 전혀 폭력적이지 않다고 생각하면서 말할 때는 종종 본의 아니게 자기 자신이나 다른 사람에게 상처를 입히고 마음을 아프게 하는데요. 비폭력 대화(NVC)는 견디기 어려운 상황에서도 인간성을 유지할 수 있는 능력을 키워주는 대화 방법입니다.

그렇다면 평화 언어, 비폭력 대화가 왜 좋을까요? 첫째, 좋은 인간관계를 형성한다. 둘째, 서로의 욕구를 존중한다. 셋째, 즐거운 해결 방법을 찾는다. 이 세 가지 정도로 이해하면 됩니다.

🌵 비폭력 대화의 4요소

비폭력 대화는 관찰 ⋯▸ 느낌 ⋯▸ 욕구 ⋯▸ 부탁의 단계로 이루어집니다. 이것이 비폭력 대화의 네 가지 요소입니다. 이 네 가지 요소를 좀 자세히 들여다보겠습니다.

처음 필요한 요소는 '관찰'입니다. 관찰이란 뭘까요? 사물이나 현상을 주의하여 자세히 살펴보는 것입니다. 예를 들어, 아이가 방을 잘 치우지 않아 엄마가 아래와 같이 이야기를 한다고 해봅시다.

사례 A) "네 방이 우리 집에서 제일 더러워. 정말 돼지우리가 따로 없구나."
사례 B) "책이 바닥에 10권이나 펼쳐져 있구나."

A의 경우는 현상을 보고 감정을 섞어 말하는 것입니다. B는 현상을 관찰한 내용만 이야기한 것입니다. 여기서 주의할 것은 관찰과 평가를 구별해야 한다는 것입니다. 상대에 대한 평가나 비난이 섞이지 않은, 관찰한 그대로를 이야기해야 한다는 것이죠. "네 방이 우리 집에서 제일 더러워."라는 말은 관찰을 넘어서 평가와 비난이 섞인 말입니다.

이렇게 똑같은 상황이지만 구체적으로 관찰한 내용을 팩트만 전달하면 받아들이는 아이는 다르게 느낄 거예요.

관찰일까요? 평가일까요?

- 너는 아주 훌륭한 아이야. ⋯ (   )
- 그 아이는 늘 늑장을 부려. ⋯ (   )
- 그 친구는 오늘도 또 지각해서 혼날 거야. ⋯ (   )
- 지난 10년간 우리 아빠는 월급의 10%를 자선단체에 기부한 걸 보니, 인품이 좋으신 거 같아. ⋯ (   )
- 너는 이야기를 들으며 계속 아래를 쳐다봤어. ⋯ (   )
- 너는 나와 이야기 할 때마다 불평불만이야. ⋯ (   )

• 정답 : 평가 / 평가 / 평가 / 관찰 / 관찰 / 평가

그다음에는 '느낌'을 전달하는 거예요. 이것이 바로 두 번째 요소입니다. "방을 치우지 않아 먼지가 쌓여 네 건강이 나빠질까 걱정돼." 이렇게 내 느낌을 전달할 수 있겠죠.

관찰을 통해 느낌을 전달했다면, 그다음 부모가 갖는 '욕구'를 전달합니다. "나는 ~을 느낀다."는 것은 원인 없이 생기지 않습니다. 그 원인을 찾으면 부모의 '욕구'가 무엇인지 알 수 있어요. 위의 상황에서 엄마의 욕구는 '방을 정리하면 좋겠다.'라는 것이겠죠.

이제 대화를 정리해 볼까요? "책이 바닥에 10권이나 펼쳐져 있구나.(관찰) 방을 치우지 않아 먼지가 쌓여 네 건강이 나빠질까 걱정돼.(느낌) 네가 방을 잘 정리하면 좋겠어.(욕구)" 이렇게 말하면 폭력

언어를 사용하지 않고도 충분히 의도를 전달할 수 있습니다.

마지막으로 그 욕구를 충족하기 위해 '부탁'을 하는 거예요. "그러면 내 마음이 편해질 것 같아."라고 말하면 됩니다.

평화 언어(비폭력 대화) 4단계

① 우리 삶에 영향을 미치는 구체적인 행동을 관찰한다.
② 관찰에 대한 느낌을 표현한다.
③ 그러한 느낌을 일으키는 욕구, 가치관, 원하는 것을 찾아본다.
④ 우리 삶을 풍요롭게 하기 위해 구체적인 행동을 부탁한다.

 기린의 언어, 자칼의 언어

코로나 이후 아이들이 학교를 전보다 덜 가고 있는데 학교폭력은 여전하고 심지어 더 많아졌다면 어떤 생각이 드시나요? 아이들의 학교폭력 실태조사 결과 사이버 폭력의 수치가 갈수록 높아가고 있습니다. 자연스러운 만남의 공간인 교실에서의 교육의 횟수가 줄고 온라인상으로만 수업을 하고 관계를 맺기 때문에 아이들이 스트레스를 더 받기 때문이라고 생각됩니다. 게다가 인터넷 문화 영향으로 요약, 함축어 사용이 습관화되어 소위 '급식체'라는 청소년들만의 언어까지 생겨났지요. 하지만 여기서 중요한 것은 무조건 아이들의 언어만 비판할 것이 아니라는 점이에요. 가정에서, 사회에서 우리 어른들이 아이들을 향해 쓰고 있는 언어에도 책임이 있기 때문이지요.

여기에서 우리는 '비폭력 대화'에서 쓰이는 언어를 살펴볼 필요가 있어요. 비폭력 대화법을 말할 때 흔히 거론되는 것이 '기린의 언어', '자칼의 언어'입니다. 유순한 초식동물인 기린의 언어는 긍정적이고 감정을 알아주는 언어를 비유하는 말이고, 포악한 육식동물 자칼의 언어는 부정적이고 분노하는 언어를 비유하여 일컫는 말이에요.

자칼의 언어보다는 상대에게 공감하는 기린의 언어를 사용할 때 소통과 관계 증진을 촉진시킬 수 있습니다. 예를 들어, 어머니가 휴일에 늦게까지 자는 아이에게 "왜 게으르게 잠만 자니?"라는 비난의 말을 던진다면 이것은 부정적이고 분노하는 자칼의 언어를 쓰는 거예요. 그보다는 "오후 1시에 일어났네?"라고 '관찰'한 것을 말하는 것이 좋아요. 반갑게 인사를 건네지 않는 아이에게는 "인사하지 않아 서운한데?"라고 '느낌'을 전달합니다. 이것이 부드럽고 조용하게 감정을 알아주는 기린의 언어입니다. 하지만 부모로서 아이가 행동이 바뀌기를 원하고 가르쳐야 할 필요는 분명 있지요. 그럴 때는 먼저 "네가 좀 일찍 일어났으면 좋겠어."라고 '욕구'를 말하고, "그러면 내 마음이 편해질 것 같아."라고 '부탁'의 표현을 하는 것이 좋습니다. 관찰, 느낌, 욕구, 부탁의 단계를 거치되 긍정적이고 평화로운 기린의 언어로 말하는 겁니다. 그렇다면 관계가 훨씬 좋아지는 건 당연하겠죠?

폭력적인 자칼의 언어를 멈추고, 사랑과 공감이 가득한 기린의 언어로 대화함으로써 서로 공감과 존중의 마음으로 바라본다면 언어폭력으로부터 자유로워짐은 물론 아이들에게 좋은 본보기를 보이는 부모, 어른이 될 거예요.

비폭력 대화의 상징물 '기린'

비폭력 대화의 상징물이 기린이라고 한다. 수업 중 "왜 그럴까?" 하고 이유를 물어보면 아이, 어른 할 것 없이 굉장히 흥미로워하는데, 지구상에 가장 큰 심장을 가지고 있는 동물이 기린이라고 해서 그렇게 상징물로 자리하게 되었다고 한다. 기린은 키가 커서 온몸에 피를 돌게 하려면 그만큼 심장이 커야 한다고 얘기하면 모두 수긍한다. 우리가 사랑의 표현인 하트를 심장의 상징으로 보는 것도 같은 맥락으로 이해할 수 있다.

 비폭력 대화를 위한 활동

평화로운 대화를 방해하는 말이 있어요. 판단, 평가하는 말, 강요하는 말, 비교하는 말, 당연시하는 말, 책임지지 않는 말 등입니다. 비폭력적인 대화를 위한 간단한 활동을 해보겠습니다

1 _ 마음날씨 알아보기

우선 첫 활동으로 가볍게 마음날씨를 점검해 주세요.(62쪽 참조) 처음에 점검했을 때와 4단계가 된 지금, 어떤 변화가 있는지 물어보세요. 루틴으로 했던 부분이 아이에게 조그만 변화라도 있었다면 더욱 격려해 주세요. 마음날씨는 수시로 점검해 보면 좋습니다.

2 _ 모둠 역할 놀이

아이에게 최근 일주일 동안 좋지 않은 감정이 생겼던 상황을 떠올려 보라고 하세요. 그다음에 그 상황을 가정하고 역할 놀이를 합니다. 상황의 예를 한번 들어 볼게요.

아이 : 할 일을 하고 잠시 쉬려고 휴대폰을 보고 있다.

　　　(그때 마침 엄마가 방문을 열고 들어온다.)

엄마 : "너 또 휴대폰이니? 허구한 날 들고 사는구나."

아이 : "지금 방금 휴대폰 보기 시작했단 말이에요."

엄마 : "넌 왜 맨날 핑계만 대니?"

이제 위의 대화가 폭력 대화라는 걸 금세 알 수 있겠죠? 위의 상황을 역할극으로 해보는 겁니다. 실제 상황처럼 재연해 보고, 부모와 아이의 대사를 바꿔서도 해봅니다. 그런 다음 비폭력 대화로 바꿔 다시 재연해 보세요. 활동을 하고 나서 각자 맡은 역할에 대해 느낌을 나눠 보면 더욱 좋습니다. 아이와 많은 감정을 나누게 되고, 더 깊이 있게 이해할 수 있게 될 거예요. 실제로 이 수업을 하고 나서 부모 자녀 관계는 물론, 형제자매 관계가 훨씬 좋아졌다고 감사 인사를 받은 경우가 많습니다. 참으로 보람차고 감사했던 기억이 나네요.

《기린과 자칼이 함께 춤출 때(한국NVC센터, 2018)》, 《어린이를 위한 비폭력 대화(우리학교, 2015)》는 활동에 도움이 되는 책이니 참고하세요. 마지막으로 활동 정리 및 발표 시간을 갖는 것도 잊지 마세요!

1. 감정코칭이란

: 아이의 마음은 공감하지만 행동에는 분명한 한계를 주어 바람직한
방향으로 이끌어주는 관계의 기술

2. 감정코칭 효과

: 집중력이 높아진다.

: 자기주도학습능력이 우수해 성취도가 높아진다.

: 기분이 나쁘더라도 자기 진정을 잘한다.

: 심리적 면역력이 강해진다.

: 또래 관계가 좋아질 수 있다.

: 변화에 능동적으로 대처할 수 있다.

: 감염성 질병에 덜 걸릴 수 있다.

3. 감정코칭 수업

: 표정에 드러나는 감정 읽기 - 자신의 감정과 상대의 감정을 알기 위
해서는 표정을 잘 읽고, 감정을 이해해야 한다.

: 관계 개선하기 - 나와 상대의 감정을 알고 나면 관계가 변화한다. 부
모와 자녀와의 관계 개선 역시 감정이해가 우선시 되어야 한다.

: 창의력 팡팡 - 관계가 원만해지면 창의력과 사고력이 풍부해진다.

: 비폭력 대화 - 마음 안에 폭력을 가라앉히고 연민의 상태로 관계를
맺는 구체적인 말하기와 듣기의 대화 방법이다.

: 비폭력 대화의 4요소 - 관찰, 느낌, 욕구, 부탁

◉ 수업 후 느낀 점 & 남기고 싶은 말

북극성 찾기

나를 이해하고, 나의 꿈을 찾고,
나의 진짜 모습을 찾기까지
자신을 탐색하는 과정

5교시는 아이들이 자신의 참모습을 찾아가는 수업, 나의 별을 찾아가는 북극성 찾기, 진로 수업입니다. 요즘에는 초등학교에서도 진로 수업이 이루어지는 경우가 많지요. 이번 수업은 초등학생은 물론 사춘기에 접어드는 아이들을 위해서 부모님들이 꼭 아셔야 할 내용들을 담았습니다. 본격적인 수업에 앞서 청소년 시기의 특성에 대해서 먼저 살펴볼게요.

 청소년기 미리보기

　　　청소년기는 신체의 성숙뿐만 아니라 심리적, 사회적, 정신적 변화를 포괄하는 시기입니다. 아동기에 잠복

되어 있던 욕구가 폭발적으로 분출하기 때문에 이 시기에 충동을 억제하고 다스리는 법을 배우는 게 중요해요. 또한 이 시기에는 부모로부터 독립하려는 의지가 강해지기 때문에 자기다움을 찾을 수 있도록 이끌어주어야 합니다. 보통 13세에서 성인이 되기 전까지의 시기를 말하는데, 요즘은 일찍 사춘기를 겪는 아이들도 늘어나고 있습니다. 아이가 초등학교 중학년이 되면 아이의 사춘기에 대비하는 것이 좋습니다.

 청소년기 뇌의 변화

- 수상돌기와 시냅스 연결 과잉생산 : 갓 태어난 아기는 뉴런의 17% 만 연결된 상태이지만 성장 과정에서 나머지 뉴런의 연결이 이루어집니다. 청소년기에는 단기 기억력이 30% 이상 늘어나고 지능과 추리력, 문제 해결력 등이 향상됩니다.

- 시냅스 전정 : 청소년기에 시냅스 연결의 약 15% 정도에 달하는 전정이 일어납니다. 일관되지 않은 정보를 버리면서 효율적인 뇌로 안정되는데, 이 시기에 어떠한 정보를 버리고 남기느냐는 이후 삶에 매우 중요합니다.

- 수초화 : 뉴런의 축삭돌기에 수초가 형성되고 수초화 과정을 통해 뉴런이 튼튼하고 두껍게 덮이게 됩니다. 이 과정에서 향상되는 뇌의 능력에 적응하느라 청소년들은 정리 정돈을 못하거나 어리석은 의사결정을 하는 부작용을 일으키기도 합니다.

- 감정에 치우침 : 청소년은 감정 중추인 편도체를 사용하는데, 정보를 파악할 때 감정에 치우치게 됩니다. 충동을 조절하고 화를 다스려 좋은 관계를 맺고 의사소통하는 기술을 배우는 시기이자 민감한 감수성의 시기입니다.

 자녀 진로에 있어 부모가 하지 말아야 할 일

- 설교 : 부모가 가장 선호하는 방식이면서 자녀에게 가장 통하지 않는 방식입니다.
- 잔소리 : 아이들이 가장 싫어하는, 가장 비효과적인 방법입니다.
- 논쟁 : 부모는 전두엽을 사용하고 청소년은 편도체를 사용하기 때문에 화만 돋울 뿐이에요. 아이들은 에너지가 넘쳐 부모가 싸움을 걸면 언제든 응할 준비가 되어 있다는 걸 잊지마세요. 논쟁 대신 원하는 것을 자녀에게 직접, 간단히 말하는 것이 좋아요.
- 인신공격 : 자녀가 부모에게 인신공격적으로 말한다고 부모도 이 방식으로 응수해서는 안 됩니다. 좀 더 좋은 대처방식을 본보기로 보여줘야 해요. 자녀는 겉으로는 항변하더라도 부모의 말을 내재화하기 때문입니다.

 자녀 진로에 있어 부모가 해야 할 일

- 대화 : 사소한 것이라도 존중하는 태도가 필요합니다. "정말 짜증 났겠네, 정말 싫었겠다." 정도로 공감을 표현하며 그저 들어주면

됩니다.

- 든든한 지원자 : 믿을 만한 어른, 언제나 기댈 수 있는 부모가 되어주세요. 부모는 자녀를 늘 지지하고 뒷받침해 주는 동시에 잘못된 자녀 행동에 대해 스스로 책임지도록 해야 합니다.
- 신뢰 : 자녀가 독립성을 획득하고 키워갈 수 있도록 부모는 자녀를 믿어주고 격려하며, 자율성을 주어야 합니다.
- 점검 : 자녀가 어디서 뭘하는지 알고 있으면 자녀는 위험 행동을 훨씬 덜 하게 됩니다. 청소년의 뇌에는 아직 없는 브레이크 역할 (전전두엽 기능)을 부모가 해줘야 합니다. 자녀의 정서를 수용하되 행동은 통제하도록 하세요.

청소년기 부모 양육방식의 종류

허용적인 방식	독재적 방식	구조적 방식
• 규칙이 거의 없음	• 융통성 없는 규칙	• 대체로 분명한 규칙
• 벌칙에 대해 주의를 주지 않음	• 인정사정 없이 벌칙 강행	• 단호하게 벌칙 수행
• 끝없는 협상	• 협상 없음	• 한정적 범주에서 협상
• 일관성 없는 리더십	• 독재 리더십	• 민주적 리더십
• 가족의 개성 강조	• 완벽한 통일성 강요	• 가족 간의 조화 강조
• 모든 의견의 영향	• 부모 의견만 존중	• 의견은 존중하나 영향은 고려

<출처 : 청소년과 부모(하혜숙,황매향, 한국방송통신대학교출판문화원, 2018)>

자기 이해(Self-understanding)

　　　　　　　'나는 이렇다'라는 자기개념을 갖는 것을 '자기 이해'라고 합니다. 실제로 모든 일의 기본은 자기 이해라고 해도 틀린 말이 아니죠. 삶과 일상생활에 치여 살다 보면 나 자신은 막상 뒷전에 밀리는 경우가 많아요. 대학입시의 과목은 아니지만 아이들이 배우는 모든 분야에 걸쳐 가장 기본적으로 이루어져야 할 부분이 바로 자기를 이해하는 일이라고 생각합니다. 자신에 대해 직면하고 바로 알지 못하면 어떤 일을 하더라도 마치 모래성처럼 기본이 흔들릴 수 있기 때문입니다.

　이번 수업은 총 4단계의 활동과 검사를 통해 끊임없이 자신을 탐색하고 찾아나가는 내용입니다. 자기를 이해하는 일은 바로 나만의 북극성을 찾는 일과 같다고 보기 때문에 이 수업을 모든 별의 중심이 되는 '북극성 수업'이라고 명명했어요. 수업 후 아이와 함께 꼭 활동해 보세요. 아이 스스로 자신이 어떤 사람인지 인식하고 이해하며, 나아가 진로를 계획하고 수립하는 데 도움이 될 것이라고 확신합니다.

　국어를 좋아했던 저는 학창 시절 국어 시간에 주제 파악을 잘해서 선생님으로부터 칭찬을 받곤 했어요. 핵심을 잘 찾는다, 작자의 의도를 잘 파악한다, 문해력이 좋다, 출제자의 의중을 잘 읽어낸다 등의 평가로 생기부가 채워졌던 기억이 나네요. 가끔 대화 중에 "주제 파악도 못하면서 무슨?" 이런 얘기를 들으면 말투나 어감이 썩

달갑지 않죠. 하지만 나이가 들수록 주제 파악을 제대로 하고 자기 앞가림하고 사는 게 정말 중요하고 녹록치 않다는 생각을 많이 합니다. 특히 교육에 몸담고 아이들의 진로 수업을 하면서부터 주제 파악, 다시 말해서 나를 제대로 아는 것이 정말 중요하다는 사실을 거듭 강조하고 있어요. 아이들과의 깊은 교감 후에 자기 이해 수업을 하고 나면 반드시 해주는 말이 있습니다.

"너희들 삶이 가장 가치 있는 브랜드야!"

《브랜드가 되어간다는 것(턴어라운드, 2019)》이라는 책에 나온 문구인데, 세상에서 단 하나뿐인 브랜드가 바로 '나'라는 거죠. 이것이 자기 이해의 핵심이에요. 진정한 자신이 되는 길이야말로 타인에게 가장 유용한 사람이 되는 길입니다. 잠시 타인에게로 향하는 시선을 멈추고 나를 마주하기 위한 첫 활동을 해볼까요?

1 _ 나는 누구일까요?

그림으로 나를 표현해 보도록 합니다. 자기 이해를 위한 가장 가벼운 활동으로 나를 찾아가는 시간을 갖는 거예요. 다음의 세 가지 질문을 보고 머릿속에 떠오르는 대로 그려 보게 합니다.

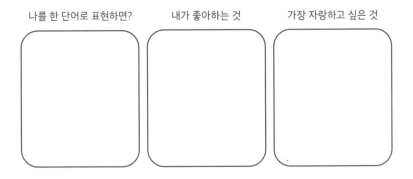

나를 한 단어로 표현하면?   내가 좋아하는 것   가장 자랑하고 싶은 것

그림으로 연상되는 활동은 생각보다 의미가 있고 아이들이 쉽게 접근할 수 있다는 장점이 있습니다. 물론 아이에 따라서는 나를 한 단어로 표현하는 걸 어려워하기도 하는데, 이럴 때는 예를 들어주어 쉽게 접근할 수 있도록 도와주면 됩니다.

2 _ 나를 탐색해요

아이들이 무척 좋아하는 손가락 활동입니다. 먼저 한 손을 종이에 대고 그리게 하세요. 그리고 각각의 손가락에 아래의 질문에 따라 답을 적어 보는 거예요. 조금 전 자기 이해를 위한 간단한 질문을 거쳤기 때문에 조금 더 깊이 있는 질문이 가능합니다. 이 활동역시 간단하지만, 자신에 대해 생각하는 시간을 가질 수 있어요.

<특별한 나>

- **엄지 손가락(정체성)** : 나를 한 단어로 표현하기

  (예) 척척박사, 깔끔쟁이, 크리에이터 등
- **둘째 손가락(흥미)** : 내가 좋아하는 것

  (예) 피아노 치기, 말하기, 그림 그리기 등
- **셋째 손가락(능력)** : 내가 잘하는 것

  (예) 태권도, 수학, 게임, 노래 부르기 등
- **넷째 손가락(성격)** : 나의 성격

  (예) 친구를 잘 사귄다. 화를 잘 낸다. 나서기 좋아한다 등
- **다섯째 손가락(가치관)** : 나의 꿈, 내가 소중하게 생각하는 것

  (예) 가족, 행복 등

각 손가락에 개수와 상관없이 생각나는 대로, 쓰고 싶은 대로 다 쓰게 하세요. 그다음 마지막으로 손바닥에 나에게 주는 응원의 메시지를 하나 써 보라고 하세요. 그러면 "화이팅!"이라고 간단하게 쓰는 아이도 있지만 어떤 아이는 "○○아, 지금으로도 충분해.", "넌 잘하고 있어!"와 같은 감동적인 응원 메시지를 적기도 해요. 다 적고 나서 각자 그 손바닥에 '하이 파이브'를 함으로써 자기 선언적 의미를 더하는 것으로 활동을 마무리합니다. 이 활동에 확언의 의미를 부가하면 더욱 좋아요.

3 _ 미래의 명함 만들기

이번엔 미래에 갖게 될 명함을 상상하여 만들어 보는 활동이에요. 먼저 여기서 꼭 아이에게 해줄 말은 꿈을 '명사형'의 직업이 아니라 '동사형' 직업으로 생각하고 쓰도록 하는 거예요. 예를 들어, 꿈이 '의사'인 아이에게는 '아픈 사람을 도와주고 살고 싶어요.'라고

표현하게 하세요. '크리에이터'를 꿈꾸는 아이는 '나의 능력으로 사람들을 즐겁게 하고 싶어요.'라고 쓰는 거죠. 직업에 매몰되지 말고 활동의 확장성을 갖게 해주는 거예요. 지금 존재하는 직업은 아이들이 성인이 되었을 때에 반 이상이 없어진다고 하잖아요. 그때는 부모가 아이를 책임질 수 없을 정도로 사회가 급변해 있을 거예요. 그래서 단순히 직업 자체를 정하기보다는 아이가 원하는 것이 무엇인지, 하고 싶어 하는 일이 무엇인지 찾는 게 더 중요합니다. 직업이 아니라 하는 일에 집중하면 그 일에 대해 더 깊이 생각할 수 있습니다. 아이들이 직업을 적으면 대화를 나누며 적극적으로 응원해 주는 게 좋아요. 명함을 만들면서 미래의 자신의 직업을 상상해 보는 것도 하나의 목표 지점이 될 수 있답니다.

4 _ 인생 그래프 그리기

마지막 활동은 '인생 그래프 그리기'입니다. 꿈을 이루기 위해서 중고등학생이 된 후, 대학을 입학하고 나서, 한창 일해야 하는 30세 때, 중년의 시기로 접어드는 50세 때에 각자 어떤 노력을 해야 할지 스스로 적도록 하는 거예요. 이 과정을 통해 미래의 내 역할과 책임에 대해 생각하고 다짐해 보는 시간이에요. 이왕이면 구체적으로 쓸 수 있도록 독려해 주세요. 아이가 말한 동사형 꿈을 상기시켜 주고, 내용을 적을 때에 단순히 '공부를 열심히 한다'가 아니라 '어떤 공부를 얼마나 많이, 깊게 할 것이다'라고 구체적으로 적도록 지도해 주세요. 자주 언급할수록 뇌가 인식해서 실제로 이루어지는 효과가 있다고 합니다. 그래서 최대한 구체적으로 활동 계획을 써 보게 하는 것도 진로를 찾아가는 데 중요한 활동 중 하나입니다.

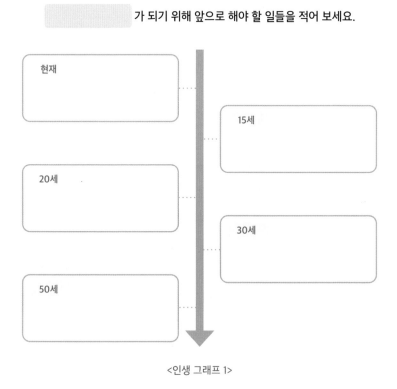

가 되기 위해 앞으로 해야 할 일들을 적어 보세요.

현재

15세

20세

30세

50세

<인생 그래프 1>

가장 좋았던 기억	가장 힘들었던 기억

<인생 그래프 2>

 나의 꿈

　　북극성 두 번째 시간은 나의 꿈, 나의 흥미에 대해 알아보는 시간입니다. 우선 간단한 검사나 활동을 통해 내가 어떤 성격유형인지 점검해 볼 거예요. 내가 좋아하는 일을 진로로 잡아야 할지, 아니면 내가 잘하는 일을 진로로 잡아야 하는지에 대해서도 어릴 때부터 생각해 보는 게 좋아요.

유럽 최연소 앱 개발자 조던 케이시(Jordan Casey)에 대해 들어본 적이 있나요? 조던 케이시는 9살에 모바일 게임 앱을 처음으로 아이튠에 등재했습니다. 어떤 점이 9살 소년을 최연소 앱 개발자로 성장하게 했을까요? 조던은 자신에게 그렇게 큰돈이 필요하지 않다면서 본인이 받은 상금을 소아암 병동에 기부했다고 해요. 조던은 인터뷰에서 이렇게 이야기했습니다.

"소프트웨어를 만드는 데 적응하며 무료 앱을 출시해 보기도 하고, 다양한 지불 옵션을 실험해 보기도 해요. 지금은 큰돈이 필요하지 않아요. 사실 돈 버는 것이 목적이라면 지금만큼 재미있을 것 같지 않아요."

게다가 '또래과학자상'을 제안하여 친구들을 앱 개발자로 독려하는 등 여러 면에서 놀라운 모습을 보이고 있지요. 혁신의 아이콘 스티브 잡스(Steve Jobs)도 이렇게 이야기했습니다. 자신의 성공은 자신이 사랑하는 일을 했고, 포기하지 않았기 때문이라고요.

1 _ 꿈 구체화하기

아이들에게 꿈에 대한 그림을 그려 보라고 하세요. 장래희망도 좋고, 지금 이루고 싶은 것이라도 좋습니다. 뭐든 제한을 두지 말고 브레인스토밍하듯 그림을 그리도록 이끌어 주세요. 그림이 힘들다면 글로 적어도 좋아요. 결국 아이가 원하고, 즐기고, 하고 싶어 하는 길을 가는 것, 그것이 꿈의 정체입니다. 그저 옆에서 약간의 길잡이 역할만 해주면 돼요. 아이가 스스로 꿈을 구체화시키는 연습을 자주 해보는 것이 좋습니다.

2 _ 스윗 스팟 존 찾기

테니스에서 공이 맞았을 때 가장 멀리 빠르게 날아가는 라켓의 지점을 '스윗 스팟 존(Sweet spot zone)'이라고 해요. 이 개념을 벤다이어 그램(Venn diagram)에 적용해 보았습니다. 좌측에 잘하는 일, 우측에 좋아하는 일을 쓰게 하고, 가운데에 잘하면서 좋아하는 일을 골라서 쓰게 합니다. 이 교집합의 자리에 쓴 내용을 진로 탐색에 적용시켜 보세요. 정답을 찾듯 적어넣기를 강요하지 말고 스스로 생각할 시간을 주세요.

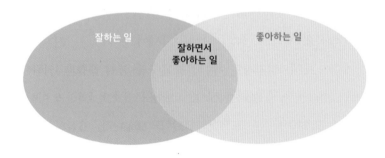

3 _ 홀랜드 직업성격유형 간이검사(SDS)

진로를 탐색하거나 선택할 때 자기 자신을 좀 더 잘 파악하기 위해 다양한 심리검사를 하기도 해요. 이런 여러 검사 중 자주 등장하는 것이 홀랜드의 직업성격유형 검사랍니다. 이 검사는 대표적인 자기 이해를 위한 심리검사 중 하나입니다.

진로발달 모델을 만든 미국의 심리학자 홀랜드(John L. Holland)는 직업에 관한 경향성을 기반으로 해서 6각형 모양의 도안을 만들었어요. 홀랜드의 '직업성격유형' 또는 '직업지표'라고도 하지요. 이 지표는 진로 및 직업 선택을 공식화하여 성격유형을 나타낸 거예요. 홀랜드는 자신의 성격에 적합한 직업을 선택하는 것이 직업에 잘 적응하고, 즐겁게 일하며, 성공하기 쉽다고 말하면서 6개의 기본 성격유형을 측정하는 SDS(Self Directed Search)를 개발했어요. 그리고 각 성격유형에 맞는 직업환경도 제시했지요.

물론 이 검사의 결과대로 한 사람이 한 가지 성격유형으로 고정된다는 의미는 아니에요. 홀랜드는 어떤 사람이나 여섯 가지 유형이 서로 연관된 관심을 가지고 있으며, 단지 선호도가 다를 뿐이라고 이야기했습니다. 6개의 기본 성격유형은 현실형(Realistic), 탐구형(Investigative), 예술형(Artistic), 사회형(Social), 기업형(Enterprising), 관습형(Conventional)이에요. 이 간이검사로 아이의 선호도를 한 번쯤 점검해 보는 것도 좋을 거예요.

그럼 간단하게 홀랜드 간이검사를 해볼까요? 아래 표의 항목을 보고 자신과 가장 가까운 숫자를 골라 빈 칸에 적어 보세요.

(1: 전혀 아니다, 2: 아니다, 3: 보통이다, 4: 그렇다, 5: 매우 그렇다)

1	학교에서 말이 없어 무뚝뚝한 아이로 보일 수 있다.		
2	학교 친구들과 대화하면서 노는 것보다 운동하기를 좋아한다.		
3	보통 아이들보다 몸이 건강한 편이다.		
4	장난감 로봇을 분해하여 조립하거나 종이접기와 같은 실습시간을 좋아한다.		
5	국어, 영어 시간보다는 체육 시간이 더 낫다.		R
6	나의 꿈은 로봇공학자나 자동차 기술자와 같은 일을 하는 것이다.		
7	나는 스포츠선수와 같은 재능이 있는 것 같다.		
8	손이나 활동을 통해 학습하는 것을 좋아한다.		
9	자세한 목표를 세워 공부하기를 좋아한다.		
10	차례차례 자세히 숙제하는 것을 좋아한다.		

11	한 가지 주제를 두고 깊이 있게 관찰하고 탐구하는 것을 좋아한다.		
12	선생님의 일방적인 설명보다는 혼자서 문제를 해결하려고 노력한다.		
13	실험을 하여 원리를 발견해 내는 탐구학습을 좋아한다.		
14	과학 과목이나 수학 과목에 적극적이다.		
15	교과서의 내용만 학습하기보다 새로운 책들을 찾아가면서 문제를 해결한다.		I
16	혼자 독립적으로 개별학습 하는 것을 더 좋아한다.		
17	말을 하기보다 쓰면서 공부하는 것을 더 좋아한다.		
18	조용하고 집중할 수 있는 학급 분위기를 좋아한다.		
19	깊이 있게 탐구해나가는 학습과제를 좋아한다.		
20	개별적인 관심 분야에 대해 묻고 답하는 것을 더 좋아한다.		
21	나는 예민하고 창의력과 기발함을 요하는 학습에 더 열정적이다.		
22	딱딱한 교실보다는 자유롭게 움직일 수 있는 학습공간을 더 좋아한다.		
23	선생님의 일방적인 주입식, 즉 설명만 하는 수업을 싫어한다.		
24	예능과목 수업에 적극적이다.		
25	아름답고 예쁘고 멋진 재료를 많이 사용하는 수업에 흥미를 갖는다.		A
26	선생님의 수업이 간략하게 설명해 주는 것이 좋다.		
27	나는 나의 상상력을 나타내는 것이 좋다.		
28	학생의 풍부한 상상력과 창조적인 본성을 칭찬해 주는 것이 좋다.		
29	재미와 모험심을 불러일으키는 동영상과 같은 시청각 수업이 좋다.		
30	편안한 자세로 맘껏 공부할 수 있는 자유로운 환경을 좋아한다.		
31	선생님과 부모님의 따뜻한 칭찬을 아주 좋아한다.		
32	친한 친구들과의 모둠활동 수업을 좋아한다.		
33	자신의 이야기를 많이 하는 선생님을 좋아하고, 그런 선생님께 관심이 많다.		
34	선생님을 좋아하고 잘 따른다.		
35	친구의 부탁을 거절하지 못한다.		S
36	나는 나이팅게일과 같이 남을 위해 사는 사람을 본받고 싶다.		
37	다른 사람의 고민을 들어주고 함께 걱정해 주는 것을 좋아한다.		
38	아이들을 가르치는 일을 하고 싶다.		
39	나는 칭찬해 주면 더 잘한다.		
40	성직자(목사님이나 신부님)들이 존경스럽고 따르고 싶다.		

41	발표하는 수업을 좋아하되 자신이 나서서 발표하는데 적극적이다.	
42	선생님에게 인정받기를 원한다.	
43	상이 주어지는 학습활동에 더 적극적이다.	
44	자신의 주장을 친구들 앞에서 잘 표현하고 발표력이 뛰어나다.	E
45	친구들을 잘 설득하여 친구들이 많고 친구들 또한 잘 따른다.	
46	나는 아브라함 링컨과 같은 위대한 정치가가 되고 싶다.	
47	스티브 잡스나 빌 게이츠와 같은 대기업의 사장님(CEO)이 되고 싶다.	
48	활동적인 학습 분위기를 좋아한다.	
49	쉽고 핵심이 있는 강의와 토의를 통해 결론을 내리는 수업을 더 좋아한다.	
50	나의 의견을 잘 표현하는 능력에 사람들이 칭찬해 준다.	
51	학교에서 정한 규칙을 잘 준수하는 모범생이다.	
52	발표수업이나 협동학습보다 선생님이 하는 주입식 수업을 더 좋아한다.	
53	교과서, 참고서, 문제집 등을 다 구입하여 준비해서 공부한다.	
54	표를 만들고 설계도를 만드는 일이 좋다.	
55	교사의 설명을 잘 듣고 꼼꼼하게 노트필기를 잘 한다.	C
56	자신의 주위(책상)가 정리되지 않으면 공부에 집중할 수 없다.	
57	명확하고 정확하며 일정한 틀이 정해진 과제를 더 좋아한다.	
58	시청이나 관공서에서 공무원으로 일하고 싶다.	
59	정해진 계획표에 따라 공부와 놀이를 분리하여 행하는 능력이 뛰어나다.	
60	쉽게 약속을 잊어버리거나 의논도 하지 않고 바꾸어버리는 친구가 싫다.	

항목	R(1~10)	I(11~20)	A(21~30)	S(31~40)	E(41~50)	C(51~60)
점수합						
순 위						

문항에 답했다면 점수를 합하여 순위를 확인하세요. 높은 순위
가 자기 적성에 더 맞는 유형이라고 볼 수 있습니다. 이제 각 유형
에 맞는 직업에는 어떤 것들이 있는지 확인해 볼까요?

<홀랜드의 6개 직업성격유형>

실재형

R

말이 적고 운동을 좋아함.
신체적 활동을 좋아하고,
소박하고 솔직함.
성실하여 기계적
적성이 높음.

관습형

C

책임감이 있고
빈틈이 없음.
조심성이 있고 변화를
좋아하지 않음. 계획성이
있으며, 사무능력과
계산능력이 높음.

탐구형

I

탐구심이 많고
논리적이며, 분석적임.
합리적이며 지적호기심이
많고 수학적, 화학적
적성이 높음.

What's your
DREAM?

지도력과 설득력이 있음.
열성적이고 경쟁적이며
야심적임. 외향적이고
통솔력이 있으며
언어적성이 높음.

E

기업형

타인에게 친절하고
이해심이 많음. 남을
잘 도와주고 봉사적임.
인간관계 능력이 높으며
사람들을 좋아함.

상상력이 풍부하고
감수성이 강함. 자유분방
하며 개방적임. 예술적
소질이 있으며 창의적
적성이 높음.

A

예술형

S

사회형

<6개 직업성격유형에 따른 대표적인 직업>

실재형 (R)	항공기 정비사, 항공기 조종사, 비파괴검사원, 조리사, 제과제빵사, 소믈리에, 바리스타, 경찰관, 소방관, 안경사, 응급구조사, 연극영화 및 방송 기술감독, 자동차기술자, 전기기술자, 치과 가공사, 통신기술자 등
탐구형 (I)	미래 직업 트렌드 연구원, 경영컨설턴트, 경제학연구원, 마케팅 및 여론 조사전문가, 물리학연구원, 생물학연구원, 심리학연구원, 언어치료사, 의사, 치과의사, 컴퓨터 프로그래머, 통역가, 화학연구원 등

예술형 (A)	헤어디자이너, 메이크업아티스트, 피부관리사, 건축설계사, 게임그래픽 디자이너, 만화가, 방송연출가, 번역가, 사진기자, 안무가, 배우, 인테리어디자이너, 일러스트레이터, 카피라이터 등
사회형 (S)	항공기객실 승무원, 이미지 컨설턴트, 간호사, 레크레이션 강사, 물리치료사, 미용사, 사회복지사, 상담전문가, 영양사, 유치원 교사, 중고등학교 교사, 직업능력개발훈련 교사 등
기업형 (E)	검사, 광고 기획자, 기업 고위 임원(CEO), 방송기자, 변호사, 부동산중개인, 선박 항해사, 세무사, 아나운서, 연예인 매니저, 행사 기획자, 호텔관리자 등
관습형 (C)	공무원, 경리사무원, 공인회계사, 관세사, 보험계리사, 비서, 사서, 손해사정사, 안전관리사, 증권분석가, 출납창구사무원, 교정교열자, 컴퓨터보안전문가, 텔레마케터 등

나를 찾아가는 과정이 어땠나요? 나를 찾는 여행은 모든 것의 기본인 만큼 정말 중요하고 의미 있는 활동입니다. 여러 가지 활동을 통해 바라본 자신의 모습이 익숙하면서도 새롭게 느껴질 거예요. 되도록 아이가 본인의 힘으로 자신을 바라볼 수 있도록 여유 있는 마음으로 기다려 주세요. 여러 항목 중 특히 눈에 띄는 부분이 있다면 관심을 갖고 지켜봐 주세요.

(이 수업과 연결하여 부록의 〈워크시트 2 : 나를 찾아 떠나는 여행〉을 아이와 함께 작성해 보세요. 엄마와 아이에게 무척 중요한 활동입니다.)

나, 이런 사람이야!

앞에서 성격유형으로 자신의 꿈을 살펴
보았다면 이번에는 내가 어떤 강점을 갖고 있는지에 대해서 탐색해
볼 거예요. 잘하는 것으로 진로를 결정할 것이냐, 좋아하는 것으로
결정할 것이냐는 기질과 성향 또는 가치관에 따라 사람마다 기준
이 다를 수 있습니다. 그래서 지속적이고 꾸준한 자기관찰과 성찰
을 한 후에 최적의 진로를 선택해야 후회를 줄일 수 있죠.

 ### 다중지능이론

이번 수업은 미국의 심리학자 하워드 가드너(Howard Gardner)의
다중지능이론에 근거해서 자신을 탐색하는 시간입니다. '다중지능
이론'은 인간의 지적능력을 다양하게 바라보고 인간의 다양한 능력
을 제대로 평가하고 계발시키자는 이론이에요. IQ 및 EQ의 개념을
아우르고 단점을 극복하는 지능이론이지요. 하워드 가드너는 지능
을 8개의 유형으로 나누었어요. 언어 지능, 논리수학지능, 신체운동
지능, 음악 지능, 공간 지능, 자연친화 지능, 자기성찰 지능, 대인관
계 지능입니다.

가드너는 어떤 분야에서 성공하기 위해서는 언어 지능이나 논리
수학 지능만이 영향을 주는 게 아닌데 두 지능만 지나치게 강조하
고 다른 지능을 등한시했다고 비판했어요. 사람은 누구나 이 8가
지 지능 중 한두 가지씩 강점 지능을 갖고 있다고 해요.

다중지능이론은 자신의 제1강점과 다소 약한 제8강점 등으로 해석될 수 있어서 아이의 자존감에도 좋고 진로를 정할 때 도움이 될 수 있습니다. 각자 강점 지능과 약한 지능이 다를 뿐이지 결코 누군가와 비교해서 뒤떨어지는 게 아니니까요.

<다중지능이론의 8가지 유형별 특징과 직업>

언어 지능	정의	말이나 글을 사용하고 표현하는 능력. 외국어를 습득하는 능력도 포함된다.
	특징	말하기를 즐긴다. 글 솜씨가 좋다. 새로운 언어를 쉽게 습득한다.
	직업	작가, 시인, 기자, 언어학자, 외교관, 번역가, 언론인 등
논리수학 지능	정의	숫자나 기호, 상징체계 등을 습득하고 논리적, 수학적으로 사고하는 능력이다.
	특징	수를 가지고 논다. 분석적으로 문제에 접근한다. 사물의 작용, 원리에 관심이 많다.
	직업	엔지니어, 과학자, 컴퓨터 프로그래머, 수학자, 의사 등

신체운동 지능	정의	목적에 맞게 신체의 다양한 부분을 움직이고 통제하는 능력으로, 무용, 운동뿐만 아니라 일상생활에서의 균형감각, 섬세한 손 움직임 등까지 포함하는 개념이다.
	특징	균형감각이 좋다. 운동을 잘한다. 사회생활에 적응을 잘한다.
	직업	운동선수, 배우, 전위예술가, 안무가, 경찰, 발레리나 등
음악 지능	정의	화성, 음계와 같은 음악적 요소와 다양한 소리들을 파악하고 표현하는 능력이다.
	특징	소리에 민감하다. 리듬감이 뛰어나다.
	직업	음악가, 연주가, 음향예술가, 작곡가 등
공간 지능	정의	그림이나 지도, 입체설계 등 공간과 관련된 상징들을 습득하는 능력이다. 시각적 기억력, 공간의 시각화와 같은 시각화 능력과도 관련이 있다.
	특징	그림을 잘 그린다. 퍼즐 맞추기에 관심이 있다. 지도 해석이 뛰어나다.
	직업	예술가, 발명가, 디자이너, 건축가, 지리학자, 운전사 등
자연친화 지능	정의	자연을 분석하고 상호작용하는 능력이다. 이 지능이 높을 경우 자연에 관심이 많고 동식물 채집 등의 활동을 선호하거나 다양한 동식물 종류에 대해서 해박하다.
	특징	동식물에 관심이 많다. 환경에 관심이 많다.
	직업	식물학자, 생물학자, 생명공학자, 동물조련사 등
자기성찰 지능	정의	자신의 성격이나 성향, 신념, 기분 등에 대해서 성찰하고, 자신의 내적 문제들을 해결하는 능력이다.
	특징	자신의 강점과 약점을 잘 안다. 감정 컨트롤을 잘한다.
	직업	심리학자, 성직자, 예술가, 상담사, 임상학자 등
대인관계 지능	정의	타인의 기분이나 생각, 감정, 태도 등에 대해서 파악하고 이해하며, 적절하게 반응하고 교류, 공감하는 능력이다.
	특징	감정이입이 뛰어나다. 협동을 잘한다.
	직업	사회학자, 마케터, 정치가, 사회복지사, 상담사, 종교인, 교사 등

1 _ 다중지능 간단 검사

예전에는 IQ라는 지능지수를 검사했는데 너무 논리수학 분야에 치중되어 있어서 그 분야의 강점이 약하면 지능지수 자체가 낮은 걸로 인식되는 등 문제가 많았어요.

하지만 다중지능이론으로 분석하면 결과는 달라집니다. 선진교육 사례를 보면 아이의 잠재력을 무한하게 끌어내주는 데 역점을 두는 걸 볼 수 있죠. 다중지능 간이검사를 이용하지 않더라도 셀프 강점 찾기 또는 또래끼리 강점 찾아주기를 하는 등 다양한 활동을 통해서도 자신을 알 수 있어요.

그럼 간단하게 다중지능검사를 해볼까요? 아래 표의 항목을 보고 자신과 가장 가까운 숫자를 골라 빈 칸에 적어 보세요.

(1: 전혀 그렇지 않다, 2: 별로 그렇지 않다, 3: 보통이다, 4: 대체로 그렇다, 5: 매우 그렇다)

1	나는 운동장 세 바퀴를 중간에 멈추지 않고 달릴 수 있다.	
2	처음 전학 온 친구에게 먼저 말을 걸고 안내해 줄 수 있다.	
3	나는 우울한 기분이 들 때 즐거워지기 위한 나만의 방법을 사용한다.	
4	나는 어떤 문제가 생기면 여러 가지 방법으로 그 원인을 밝히고 해결하려고 한다.	
5	나는 내 생각이나 감정을 효과적으로 표현하기 위해 글을 짜임새 있게 구성할 수 있다.	
6	나는 다른 사람들로부터 그림 그리기나 만들기를 잘한다고 칭찬 받은 적이 있다.	
7	나는 악기를 처음 배울 때 그 연주법을 비교적 쉽게 배운다.	
8	나는 내 주위의 동식물 혹은 사물 등에 대한 관찰력이 뛰어나다.	
9	나는 평소에 신체를 많이 움직이는 활동을 좋아한다.	
10	친구들의 고민거리를 들어주거나 해결해 주는 것을 좋아한다.	

11	나는 화가 나면 왜 화가 나는지 곰곰이 생각해 보곤 한다.	
12	나는 복잡한 계산도 정확히 실수 없이 할 수 있다.	
13	나는 속담이나 격언, 비유 등을 사용하여 말하는 것을 좋아한다.	
14	나는 내 방 꾸미기나 조립모형 만들기를 좋아한다.	
15	나는 다른 사람과 화음을 이루어 노래하거나 악기 연주하는 것을 좋아한다.	
16	나는 환경보호를 위해 일상생활에서 실천한다.	
17	나는 피구를 할 때 아주 빠르게 던지는 공을 피할 수 있다.	
18	나는 친구가 억울한 일을 당한 것을 보면 마음이 아프다.	
19	나는 잘못된 일에 대해서 내 책임을 인정하는 편이다.	
20	나는 수학 문제를 잘 파악하고 여러 방법으로 답을 구할 수 있다.	
21	나는 글을 통해서 나의 느낌이나 주장을 잘 표현할 수 있다.	
22	나는 종이접기나 로봇조립을 할 때 그림으로 된 설명서를 잘 이해한다.	
23	나는 처음 듣는 노래도 몇 번만 들으면 음의 높낮이와 장단에 맞게 따라 부를 수 있다.	
24	나는 식물을 잘 보살피며 내가 돌보는 식물은 잘 자라는 편이다.	
25	나는 선생님이 처음으로 시범 보이는 동작을 잘 따라 할 수 있다.	
26	나는 한번 사귄 친구와 오랫동안 친구로 지낸다.	
27	나 자신을 되돌아보고, 앞으로의 생활을 계획하는 것을 좋아한다	
28	어떤 것을 암기 할 때 무작정 외우기보다는 논리적으로 이해하여 암기하곤 한다.	
29	나는 나의 의견이나 기분을 상대방에게 말로 잘 전달할 수 있다.	
30	나는 짧은 시간 안에 사물의 특징이 잘 나타나게 그릴 수 있다.	
31	악보를 보면 그 곡의 멜로디를 어느 정도 알 수 있다.	
32	나는 평소 동물에 관한 프로그램이나 글을 관심 있게 본다.	

검사가 끝났나요? 그럼 1번부터 32번까지 숫자를 다음 표에 적은 뒤, 세로로 같은 줄에 있는 숫자들을 더해 합계 칸에 적으세요.

문항	1	2	3	4	5	6	7	8
점수								
문항	9	10	11	12	13	14	15	16
점수								
문항	17	18	19	20	21	22	23	24
점수								
문항	25	26	27	28	29	30	31	32
점수								
세로 합계								
다중지능 유형	신체운동 지능	대인관계 지능	자기성찰 지능	논리수학 지능	언어 지능	공간 지능	음악 지능	자연친화 지능

세로 합계를 낸 숫자는 각각 8개의 다중지능 유형의 점수입니다. 숫자가 높을수록 그 유형에 가깝다는 뜻이지요. 이때, 홀랜드의 검사와 마찬가지로 결과에 집착해서는 안 됩니다. 점수가 높은 항목은 그 항목에 강점이 있다는 뜻으로 해석하세요. 점수가 낮은 항목은 약점이 될 수 있다는 것을 인정하는 정도로 이해하면 됩니다.

2 _ 약점을 강점으로 바꾸기

앞서 다중지능 검사를 통해 각각의 유형별로 점수를 알아보았지요. 이번에는 8가지 지능에 대해 대략 알아보고 자신의 약한 지능을 강점으로 바꾸는 활동을 해볼 거예요. 약점이라고 생각되는 부분을 아이 스스로 찾아내고, 그걸 어떻게 강점으로 바꾸고 싶은지 적어 보는 활동이에요.

• 일상에서 다중지능 높이는 놀이

지능 분야	지능을 높이는 놀이
언어 지능	- 시장에 가면 : 시장에 가면 볼 수 있는 것에 대해 하나씩 덧붙여가며 차례로 말하는 놀이(시장에 가면 떡볶이도 있고, 사과도 있고, 콩나물도 있고…) - 낱말잇기 : 가운데 음절, 마지막 음절을 번갈아가며 낱말을 이어가는 놀이(시금치->시말서->말모이->이삿날->이주민>주름살…) - 이야기 이어짓기 : 돌아가면서 한 문장씩 이야기를 만들어 덧붙이며 내용을 완성시켜나가는 놀이
공간 지능	- 연상하여 그리기 : 장소나 건물 등 사물과 인물을 연상하여 그리기 - 우리 마을 약도 그리기 : 마을의 약도를 떠올리며 그리기 - 상상하여 꾸미기 : 메타버스나 로블록스(온라인 게임 플랫폼) 등을 통해 내 방을 꾸미거나 원하는 여행지를 미리 구현하는 등 공간 상상하여 꾸미기
논리수학 지능	- 마켓놀이 : 장 보러 가서 물건을 고르고 셈을 직접 해보기. 일정한 금액으로 장보기 - 숫자 야구게임 : 각자 세 자리 숫자를 정하고, 상대의 세 자리 숫자를 맞히는 놀이. 자리 위치와 숫자가 모두 맞으면 스트라이크, 자리 위치와 숫자 중 하나만 맞으면 볼, 세 숫자 모두 자리 위치와 숫자가 틀리면 아웃(238의 경우 : 289라고 말하면 1 스트라이크, 1 볼, 1 아웃) - 탐정놀이 : 어떤 사건에 추리와 유추를 거쳐 논리에 맞는 설명으로 범인 찾기 놀이
신체운동 지능	- 몸으로 말해요 : 몸으로 표현하고 정답을 맞히는 놀이 - 동작 만들기 : 한 동작을 하면, 그 동작에 자신의 동작을 덧붙여가는 놀이. 계속 한 동작씩 늘어남. 영상으로 찍어도 좋음.
음악 지능	- 노래 만들기 : 아는 노래의 후렴 부분을 새롭게 만들어 보는 놀이 - 악기 연주 : 오카리나, 하모니카 등 악기를 배워 연주하기
대인관계 지능	- 역할 놀이 : 엄마, 아빠, 아이가 각자 화자, 청자, 관찰자를 맡고 어떤 상황을 정하여 자기 역할대로 상황극을 해보는 놀이 - 1, 2, 3 놀이 : 한 번 말하고, 두 번 듣고, 세 번 리액션하는 놀이
자기성찰 지능	- To Do 리스트 만들기 : 하루 할 일에 대한 목록을 만들며 확언과 감사 일기 쓰기 - 만약에 놀이 : 가상의 상황을 질문으로 던지고, 만약에 그렇다면 어떻게 할지 이야기하는 놀이(만약 내가 마술사라면?)
자연친화 지능	- 사진작가 놀이 : 자연이나 생명체 사진을 찍고, 그렇게 찍은 이유와 느낌을 작가 관점에서 이야기 나누기 - 나무 심기 : 특별한 날에 씨를 뿌리거나 묘목을 심고 의미를 나누기 - 영상 체험 : 자연이나 환경 관련 영상을 보고 이야기 나누기

• 약점을 강점으로 바꿔 생각하기

약점 1. 시간이 많이 걸리고 일을 빨리 하지 못한다.

⋯▶ 과제 집착력과 끈기, 지구력을 가졌다.

약점 2. 좋은 게 좋은 거라고 말하며 우유부단하다.

⋯▶ 원만하고 긍정정으로 생각하는 힘을 가졌다.

약점 3. 맺고 끊지를 못해서 지지부진하다.

⋯▶ 인간미가 넘치고 관계가 좋아 주위에 사람이 많다.

• 약점을 강점으로 바꿔보기

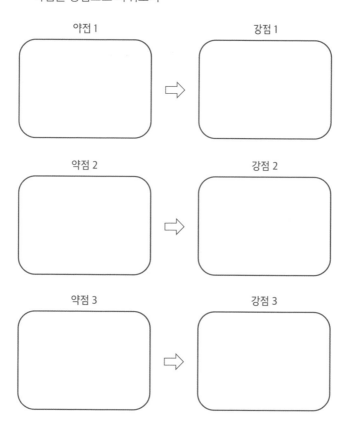

3 _ 강점 빙고 게임

제시된 50가지 단어 중 내게 가장 잘 어울리는 단어 9개를 뽑아 빙고 판에 써넣고 빙고 게임을 해보세요. 아이가 뽑은 단어 9개와 엄마가 뽑은 9개를 비교해 보며 겹쳐지는 게 뭔지, 의외의 단어는 무엇인지, 왜 그 단어를 뽑았는지 서로 이야기해 보세요.

창의력	끈기	집중력	이해심	부지런함	판단력	논리적	순발력	순수함	공정함
신중함	리더십	관찰력	자신감	완벽함	낙천적	적응력	정직함	충성심	책임감
유머	호기심	건강함	의사전달	우아함	도전적	명확함	성실함	예술성	인내심
배려심	쾌활함	학구열	정의감	솔직함	지혜로움	적극적	승부욕	의리	현명함
용기	친절함	카리스마	겸손함	열정	대인관계	독립성	협상능력	활발함	모험심

• 뽑은 단어

• 빙고 게임하기

활동 정리 및 소감 발표(배느실)

배느실로 소감 발표와 질문을 받고 마무리합니다. 함께한 아이에게 아래 문장을 마지막으로 보여주세요. 무엇이든 시도하고 도전하려는 노력이 중요합니다!

- 오늘 배운 것은 무엇인가요?

- 수업 시간에 느낀 점은 무엇인가요?

- 배우고 느낀 점으로 실천할 것은 무엇인가요?

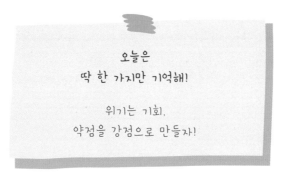

오늘은
딱 한 가지만 기억해!

위기는 기회,
약점을 강점으로 만들자!

기억되고 싶은 나

지금까지 자기 이해를 통해 흥미를 찾고, 강점이 무엇인지까지 알아봤어요. 이제 마지막으로 접근해 볼 것은 자신의 생각의 중심인 가치관이에요. 어떤 가치관으로 내가 인생을 살아갈지는 정말 중요하지요. 우리는 가족, 행복, 건강, 생명, 돈, 명예, 부, 친구, 배움, 나눔 등 다양한 가치를 추구하며 살아갑니다. 현장에서 아이들과 가치에 대한 이야기를 나누다 보면 간혹 자기 자신을 가치의 중심로 두는 아이들이 있어요. 자존감이 굉장히 높은 거죠. 우리가 인생을 살면서 어디에 가치를 두고 살아갈 것인가는 직업은 물론 인생의 진로, 결국 삶 자체에 큰 영향을 미친다고 볼 수 있습니다.

 가치 & 가치관

가치(價值)란 뭘까요? 사전적 정의에 보면 사물이 지니고 있는 쓸모, 인간관계에 의하여 지니게 되는 대상의 중요성, 인간의 욕구나 관심의 대상 또는 목표가 되는 진선미 따위를 통틀어 이르는 말입니다. 그렇다면 가치관(價值觀)은 뭘까요? 이러한 가치를 바라보는 관점입니다. 인간이 삶이나 어떤 대상에 대해서 무엇이 좋고, 옳고, 바람직한 것인지를 판단하는 관점을 말하지요.

그럼 가치에는 어떤 것들이 있을까요? 감사, 겸손, 경청, 믿음, 배려, 배움, 보람, 봉사, 사랑, 성실, 양심, 여유, 열정, 예의, 용기, 용서, 우정, 유머, 인내, 자신감, 자유, 정의, 정직, 존중, 지혜, 책임, 통찰, 평화, 행복, 협동, 희망… 정말 다양한 가치들이 존재합니다.

내가 관심을 갖고 있는 가치는 무엇인가요? 그 가치를 향해 나는 어떤 가치관을 가지고 있을까요? 그 가치를 실천하기 위해 나는 어떻게 해야 할까요? 다음에 제시된 가치들 중에서 자신의 소중하게 여기는 가치를 찾아보고 그 이유와 실천 방법 등을 써 보세요.

가치와 가치 정의

- 우리에게 무엇이 옳고 그릇된 일인지를 알려주는 마음의 목소리 (양심)
- 초지일관 꾸준히 해나가는 자세 (끈기)
- 상대방을 존중하고 그 마음을 나타내는 행동과 마음가짐 (예의)
- 사람들을 유쾌하게 하는 재미난 이야기 (유머)
- 어려움, 특히 두려움에 직면했을 때 표출되는 씩씩하고 굳센 마음 (용기)
- 어떤 일을 할때, 마음으로는 정성을 다하고, 몸으로는 최선을 다하는 것 (가정)
- 참고 견디는 것 (인내)
- 남을 위하여 자신을 돌보지 아니하고 힘을 바쳐 애씀 (봉사)
- 남의 지배나 구속을 받지 아니하고 자기 스스로의 원칙에 따라 어떤 일을 하는 일. 또는 자기 스스로 자신을 통제하여 절제하는 일 (자율)
- 누구든지 공정하고 공평하게 대우하는 것 (정의)
- 마음이 바르고 곧은 것 (정직)
- 대상 자체를 소중히 여기며 그들의 권리를 옹호하는 태도 (존중)
- 자기가 맡은 일이나 임무 (책임)
- 다른 사람의 마음 상태나 처해 있는 상황을 불편하지 않게 행동하는 것 (배려)
- 함께 일하고 짐을 나누어 지는 것 (협력)

나의 가치 3가지	선택한 이유	실천하기 위한 방법

 나만의 가치 만들기

이번에는 아이 스스로 가치를 정의내리도록 이끌어주세요. 아이들은 생각 외로 재미있게 접근하고 유연한 사고를 하죠. 어떤 그릇에 담는가에 따라 물의 모양이 달라지듯이요. 자신이 소중히 생각하는 가치에 나만의 새로운 정의를 내리는 거예요.

(예)

사랑 : 꽃을 꺾는 대신 바라보며 웃는 것

공평 : 필요한 사람에게 더 많이 주는 것

믿음 : 자전거 타며 친구가 혼자 먼저 앞서 가지 않을 거라고 생각하는 것

용기 : 큰 개 앞을 꿋꿋하게 지나가는 것

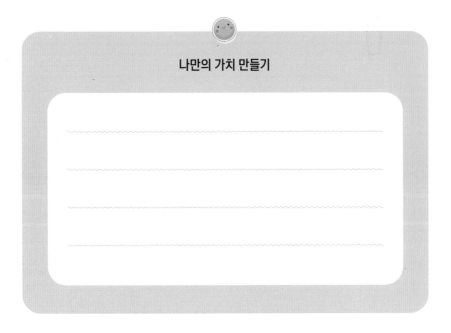

나만의 가치 만들기

활동 정리 및 소감 발표(배느실)

내가 어떤 사람으로 기억에 남고 싶은지, 또는 존재하고 싶은지 아이들과 대화하며 활동을 정리합니다.

나는 _____ 사람으로 기억되고 싶어요.

• 오늘 배운 것은 무엇인가요?

• 수업 시간에 느낀 점은 무엇인가요?

• 배우고 느낀 점으로 실천할 것은 무엇인가요?

NOTE

1. 북극성 찾기

: 나는 누구인지, 내가 좋아하고 잘하는 일은 무엇인지 나에 대해 알고 긍정적인 자아상을 세워 꿈을 찾아보자.

2. 나 이해하기

: 타인에게로 향하는 시선을 멈추고 나를 바라보자. 모든 일과 관계의 기본은 나 자신을 이해하는 것으로부터 시작된다. 꿈을 찾기 위해서 가장 기본이 되어야 하는 단계이다.

3. 나의 꿈 찾기

: 내가 가장 좋아하는 것, 내가 가장 잘하는 것을 알아본다. 간단한 홀랜드 성격유형 간이검사와 다중지능 간단 검사를 통해서 나에 대해 제대로 알고, 나의 꿈을 구체화시키는 단계이다.

4. 약점을 강점으로 만들기

: 누구에게나 강점과 약점은 존재한다. 약점을 강점으로 바꾸는 활동을 해보자. 나의 약점은 더 이상 약점이 아니다. 나에게는 강점만 있을 뿐!

5. 나만의 가치 만들기

: 나의 삶에서 중요하게 생각하는 가치와 가치관을 정립해 보자. 북극성을 향해 가듯이 내 삶의 방향을 이끌어 주는 중요한 삶의 지표가 될 것이다.

◉ 수업 후 느낀 점 & 남기고 싶은 말

6교시

알쓸신JOB

세상을 바꾸는 자기만의 직업,
그래서 알수록 쓸 만하고 신기한
직업의 세계 탐구

전문가들은 우리 아이들이 일하게 될 때가 되면 보통 5~6개 직업을 갖게 될 거라고 예측합니다. 사실 우리 윗세대만 해도 한 우물을 파는 걸 굉장히 독려했고, 훌륭한 사람의 표준으로 봤었지요. 한길 인생을 걸어온 사람들을 축하하고 격려하며 정근상을 주기도 했습니다. 하지만 앞으로 평생직장이라는 개념이 점점 사라진다고 생각하면 한 곳에서 오래 근무하는 게 마냥 권장해야 하는 일은 아닙니다. 물론 그 성실함과 꾸준함, 끈기는 박수받아 마땅하지만요. 무엇보다 중요한 것은 바로 직업에 대한 생각 자체가 달라져야 한다는 거예요. 자라나는 어린 아이부터 '꿈＝직업'이 되어서는 안 되는 거죠. 직장이 없는 직업, 창업, 창직의 시대가 왔으니까요.

　제가 가장 즐거워하는 수업 중 하나가 바로 '체인지메이커' 수업입니다. 세상을 바꾸고 자기만의 직업을 찾는 일, 그래서 알수록 쓸

만하고 신기한 직업의 세계를 함께 탐구하고 찾아가는 수업입니다. 그 내용을 바로 이 6교시에 담았습니다. 일명 알쓸신JOB! 학교에서의 진로 수업만으로는 부족하다고 느끼기 때문에 저에게는 사명감마저 느껴지는 수업이에요. 아이가 생각하는 일과 직업, 그리고 미래 어떤 직업을 가질 수 있는지, 나는 어떤 직업을 창조할 수 있는지 생각해 보는 시간은 매우 의미 있을 거예요.

 일과 직업

사실 아직도 변함없이 선호하는 직업군의 상위에 늘 랭크되는 직업이 있어요. 하지만 세상은 많이 변해가고 있고, 전혀 다른 차원의 크리에이터를 꿈꾸는 아이들도 동시에 많이 있어요. 우선 직업이 대체 뭔지 또 일이란 뭔지, 아이들이 막연히 생각해 왔거나 별로 생각해 본 적이 없었던 일과 직업에 관하여 활동을 통해 다뤄보려고 해요.

북극성 수업 때나 진로 체험 수업을 통해 다양한 자리에서 만나는 아이들에게 꼭 하는 얘기가 있어요. 꿈을 직업의 명사형으로 생각하지 말라는 거예요. '화가나 디자이너'라는 명사형의 직업이 아니라 '나의 그림이나 만들기 능력으로 다른 사람을 즐겁고 힐링하게 하고 싶다'라고 표현할 수 있는 동사형 꿈을 가져야 확장적 사고를 할 수 있고, 다양하게 생각할 수 있습니다.

'일'에서 연상되는 것

'일'이라고 하면 무엇이 떠오르나요? 라포 형성이나 말랑한 뇌를 위해 워밍업을 시킬 때 좋은 방법이 그림을 활용하는 거예요. 미술로 치료를 하듯이 자신의 생각을 또는 마음을 그림으로 표현하는 게 훨씬 효과적일 수 있거든요. 그림을 잘 그리고 못 그리고는 중요하지 않아요. 직업을 생각하기에 앞서서 일이란 무엇인지, 일과 직업에는 어떤 상관관계가 있는지를 살펴보는 거예요.

'일'하면 떠오르는 것 3가지

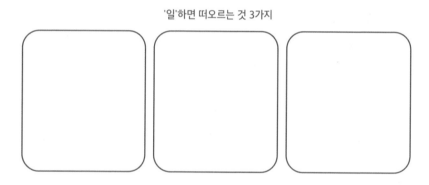

 일과 직업의 이해

일이란 무엇이고, 직업은 무엇인지 명확하게 구별해서 이해하는 것이 중요해요. 우리는 가정에서 집안일을 하고, 사회에서 직업을 갖고 일을 하고 또 봉사활동 등의 일도 합니다. 몸을 움직이거나 머리를 쓰는 활동을 일이라 하고, 경제적 소득을 얻고 사회에 기여하기 위해 일정 기간 지속해서 하는 일을 '직업'이라고 해요. 이 개념은 초등학교 교과서에도 나오는 내용이에요.

다음 그림은 아나운서인 한솔이 어머니의 일과입니다. 직업에 해당하는 일을 찾아보세요. 아침에 출근하기 전, 아침 식사를 챙기는 일은 직업이 아니죠. 또 저녁 때 퇴근 후 봉사로 아이들을 가르치는 일 또한 직업이라 할 수 없습니다. 이렇듯 직업이라 하면 경제적 소득은 물론, 지속성이 있어야 합니다.

직업 ×   직업 ○   직업 ×

• 좋아 빙고 게임

대한민국, 음식, 미래, 직업 하면 떠오르는 단어를 4개씩 적어 16칸을 채워 보세요. 직업과 관련한 아이의 관심사를 알 수 있어요.

직업의 요건 및 종류

직업의 요건에는 5가지 요소가 있습니다. 계속성, 경제성, 윤리성, 사회성, 비속박성입니다. '계속성'이란 매일, 매주, 매달 수입을 전제로 한 개인의 지속적인 정신적, 육체적 활동을 말해요. '경제성'이란 노동의 대가로 경제적 보수가 뒤따라야 한다는 것이죠. 또한 비윤리적인 영리 행위나 반사회적인 활동이 아니어야 하고, 사회적인 기여가 있어야 해요. '윤리성'과 '사회성'을 전제로 하는 거죠. 또한 직업은 개인 의사에 반하여 강제성을 띄는 것은 아니므로 '비속박성'을 갖는 활동이라고 할 수 있어요.

직업은 시대와 구조, 발달에 따라 그 종류도 다양화, 전문화, 세분화되고 있어요. 현재 약 2~3만여 개가 존재하고 사회 변화에 따라 새로 생기기도 없어지기도 하죠.

알쓸신JOB을 통해서 아이들이 일과 직업의 차이는 뭔지, 직업의 종류에는 뭐가 있는지, 미래 직업도 상상해 보고 아이 스스로 적성에도 맞고 흥미도 있는 직업의 세계로 이끌어 줄 수 있으면 좋겠죠? 직업에 대한 흥미를 유도할 수 있는 다양한 활동을 해보는 것이 좋아요. 1분 동안 아는 직업 모두 써 보기 활동도 좋아요.

아는 직업 1분 안에 모두 쓰기

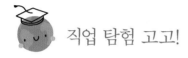

직업 탐험 고고!

1 _ 알쓸신JOB 마음 선언문 낭독

직업 탐험에 앞서 알쓸신JOB 마음선언문을 낭독하며 수업에의
의지를 다시 한번 다져 보는 시간을 갖도록 하겠습니다.

알쓸신JOB 마음 선언문

이름 :

1. 나는 이번 기회를 통해 직업의 세계에 대해 잘 알아보겠습니다.
2. 나는 직업의 세계에서 근사한 모습의 나를 꿈꾸겠습니다.
3. 나는 나의 성장과 발전을 어느 순간에나 응원하겠습니다.
4. 나는 나와의 약속을 존중하며, 시작점인 오늘을 소중히 여기겠습니다.

알쓸신JOB 모험날짜 : 20   년   월   일   서명

2 _ 직업 카드 체험하기

다음에는 직업 카드로 직업 체험을 해볼까요? 직업 카드를 활용
하면 진로 탐색에 있어서 중요한 자신의 특성(흥미, 가치관 등)을 탐색
할 수 있어요. 또 직업의 다양성과 종류를 이해할 수 있어요. 직업
세계를 이해하기 위한 중요한 요소들을 이해할 수 있고, 직업에 대

한 정보를 구체적으로 탐색할 수 있습니다. 이 과정을 통해 진로에 대하여 흥미를 가지고 진로 탐색 과정에 즐겁게 참여할 수 있어요.

직업카드 1편		R		직업카드 2편	
경찰관	소방관	요리사	건축감리기술자	선박기관사	잠수사
기계공학기술자	농업기술자	카레이서	평론가	안경사	치과기공사
도선사	직업군인	운동선수	농기계정비기술사	용접기술자	항공교통관제사
동물조련사	자동차정비원	항공기조종사	건축목공기술자	전동차기관사	항공정비사
방사선사	제과제빵사	항공우주공학기술자	비파괴검사원	재단사	해상교통관제사

직업카드 1편		I		직업카드 2편	
빅데이터전문가	로봇공학기술자	조선공학기술자	고고학자	수의사	토목기술자
게임기획자	수학자	컴퓨터프로그래머	놀이치료사	식품기술자	한의사
경제학자	약사	생명공학기술자	문화재수리전문가	언어재활사	항공운항관리사
과학수사요원	의사	프로게이머	물리학자	임상심리사	화학자
대학교수	에너지기술자	연구원(인문사회)	생물학자	치과의사	환경기술자

직업카드 1편		A		직업카드 2편	
검사	큐레이터	변호사	공인중개사	광고제작감독	웹마스터
이미지컨설턴트	펀드매니저	상품기획자	여행안내원	법률관련사무원	행사기획자
광고기획자	CEO	외교관	육군장교	법학자	항해사
국제공무원	기자	외환딜러	수출입사업가	여론조사관리사	해양경찰관
국회의원	변리사	헤드헌터	물류관리사	여행관련관리자	여행컨설턴트

직업카드 1편		S		직업카드 2편	
가수	모델	아나운서	가구디자이너	무용가	안무가
패션디자이너	방송연출가	연주가	건축사	분장사	영화감독
마술사	방송작가	영화배우	게임그래픽디자이너	사진작가	작곡가
만화가	번역가	플로리스트	디스플레이어	소설가	푸드스타일리스트
메이크업아티스트	쇼핑호스트	헤어디자이너	무대디자이너	시나리오작가	화가

직업카드 1편		E		직업카드 2편	
간호사	사회복지사	중등학교교사	간호조무사	보건교사	영양사
웨딩플래너	성직자	초등학교교사	리포터	보육교사	음악치료사
노무사	상담전문가	통역가	체육교사	산업전문간호사	작업치료사
물리치료사	유치원교사	특수교사	바텐더	소믈리에	진로진학상담교사
사회단체활동가	의료코디네이터	항공기승무원	가정전문간호사	스포츠강사	치과위생사

직업카드 1편		C		직업카드 2편	
감정평가사	사서	은행원	경영지도사	선물거래중개인	텔레마케터
관세사	세무사	애널리스트	산업보건지도사	의무기록사	통계연구원
도시계획가	손해사정사	판사	보석감정사	주택관리사	행정사
컴퓨터보안전문가	공무원	경기심판	보험계리사	증권중개인	호텔컨시어지
법무사	임상병리사	회계사	일반비서	출입국관리공무원	회계사무원

3 _ 홀랜드 유형별 직업 탐색하고 분류하기

홀랜드의 직업성격유형별 직업의 종류(106쪽)를 보고 좋아하는 직업, 결정하기 어려운 직업, 싫어하는 직업을 써 보세요. 그리고 각각의 항목을 고른 이유를 적은 후에 직업 카드 분류를 통해 느낀 점을 말하게 합니다. 이런 활동만으로도 아이 스스로 직업에 대한 감을 익히고, 자신이 어떤 직업을 선호하는지 알 수 있어요.

	좋아하는 직업 & 이유	결정하기 어려운 직업 & 이유	싫어하는 직업 & 이유
1			
2			
3			

4 _ 등하굣길 직업 탐색하기(빙고 게임)

직업 탐색을 해봤다면 이번에는 일상에서 구체적으로 어떤 직업이 눈에 들어오는지 탐색해 보는 시간을 갖는 게 좋습니다. 아이가 집을 나서면서부터 학교까지 가는 등하굣길에 보이는 직업을 빙고판에 쓰게 한 후 빙고 게임을 하면 즐겁고 의미도 있으니 일석이조입니다.

미래의 직업

        우리 아이들이 살아갈 미래에는 어떤 일을 하며 살아가게 될까요? 사실 불확실성의 시대인지라 저도 학자들도 또 전문가들도 예측하는 정도이기 때문에 단언하긴 어렵죠. 그래서 제가 부모 강연이나 아이들 수업이나 만나는 자리에서 늘 하는 이야기가 있어요. 부모들에게는 아이에게 부모가 원하는 일이나 직업을 종용하지 말라는 말합니다. 아이들에게는 좋아하고 원하는 일을 하는 데 있어서 부모님이 혹여 반대하더라도 굴하지 말라고 말하지요. 짧게는 10년, 길게는 2~30년 후의 미래를 어느 누구도 단언하지 못하는데 그때 부모가 아이의 미래를 책임질 수 있을까요? 아닙니다. 그렇다면 아이가 원하고 좋아하는 일을 할 수 있도록 지지하고 격려해 주는 게 옳은 길이겠죠.

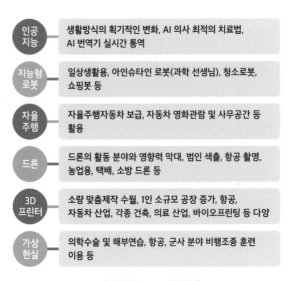

<4차 산업혁명으로 인한 변화>

미래에는 어떤 일을 하며 살까?

2017년 유엔 미래보고서에 의하면 2045년이면 지금의 일자리의 80%를 인공지능이 완전히 대신할 것이라고 하네요. 현재 초등학교 어린이의 65%는 전혀 새로운 유형의 직업에 종사할 것이라고 해요. 우리는 앞으로 엄청난 시대 변화의 흐름 속에서 살아가야 하는데, 이럴 때 살아남는 사람은 변화에 적응하는 사람이 아니라 그 변화를 이끄는 사람인 거죠. 우리 아이가 변화를 이끄는 사람이 되길 원한다면 자기만의 직업을 갖도록 체인지메이커로서의 변화도 적극 독려하고 이끌어주셔야 합니다.

 미래! 떠오르는 단어는?

다가올 미래에 대해 막연하게만 생각하는 아이들에게 좀 더 구체적으로 미래를 상상할 수 있도록 빙고 게임을 해보세요. '미래'를 생각할 때 떠오르는 단어를 빙고 판에 작성한 후 게임을 즐겨 보세요. 아이들의 생각을 공유하다 보면 오히려 아이들에게 배우는 시간이 되더라고요. 상상을 넘어선 단어들이 많이 나온답니다.

미래에는 어떤 직업이 있을까?

유망 직업 Top 10을 뽑아보고, 왜 그 직업들이 다가오는 우리의 미래에 필요할지에 대해 이야기를 나눠 보세요. 그런 과정을 통해 막연하고 불분명한 미래를 기꺼이 즐거움과 기대감으로 맞을 수 있을 거예요.

앞으로 기대되는 유망직업 분야 Top 10

① 노인복지 요양 관련 실버케어 분야
② 지구온난화 측정 등 환경 관련 분야
③ IT/SW 관련 개발 및 엔지니어 분야
④ 정보통신 관련 보안 분야
⑤ 전력 및 자원 스마트그리드 전문 분야
⑥ 건설/교통 관련 U-city 및 시스템 구축 분야
⑦ 융.복합 첨단기술 소재 관련 분야
⑧ 헬스케어 및 건강 관련 지식기반 서비스 분야
⑨ 전자 데이터 관리 서비스 분야
⑩ 인공지능 및 로봇 분야

<출처 : 미래에는 어떤 일을 해야 할까요?, 오평선, 장홍현, 옥윤성, 윈타임즈, 2021>

내가 뽑은 유망 직업 Top 10

미래 직업 퍼즐 게임

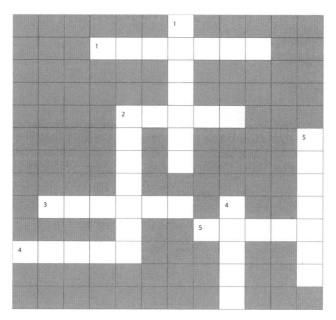

[가로]

1. 유물과 유적의 발굴, 고대 언어, 문화와 관련된 암호를 풀거나 유물과 유적의 디지털 복원 작업을 담당하는 직업

2. 수천 명의 개인 자료를 가지고 필요한 프로젝트에 인원을 공급하며, 인재를 발굴, 홍보, 파견하는 일을 하는 직업

3. 인간의 무분별한 개발과 환경 파괴로 멸종위기에 놓인 야생 동식물의 서식지를 보호하고 관리하는 일을 하는 직업

4. 세계 4대 경제권이 될 인도의 상황 및 변화를 예측하며, 인도 시장을 개척하고 인도 진출 기업에게 상담해주는 일을 하는 직업

5. 3D나 4D 등 신기술, 신소재 등장과 활용으로 음악과 미술, 교육과 음악, 놀이와 창조, 기술과 예술 등이 결합된 예술 활동을 하는 직업

정답) 가로 1. 디지털고고학자 2. 인재관리자 3. 종복원전문가 4. 인도전문가 5. 미래예술가
세로 1. 최고경험관리자 2. 인공지능전문가 3. 복제전문가 4. 미래가이드

마지막으로 미래 직업을 살펴보겠습니다. 로봇 관련, 무인 항공 관련, 3D프린팅 관련, 무인 자동차 관련, 가상, 증강 현실 관련 등 분야별로 나눠서 직업의 세계를 함께 탐색해 보는 것으로 마무리합니다.

<미래 직업의 세계>

분야	미래 직업 세상
지구온난화	LED 제품개발자, 기후변화전문가, 각종 에너지 산업연구원, 탄소배출권 거래중개인, 전기자동차 개발자, 폐기물 연구원, 온실가스 인증 심사원
유비쿼터스	U-city 기획자, 사물인터넷 개발자, 스마트그리드망 운영원, 정보보호 전문가, 온라인광고 기획자, 증강현실 엔지니어, 클라우드시스템전문가
첨단기술	3D 모델러, 나노공학자, 로봇공학 기술자, 생명정보학자, 애니메이터, 항공우주공학자

세계 / 글로벌	관세사, 국제개발전문가, 국제변리사, 국제회의전문가, 물류 전문가, 의료관광 코디네이터
기술 융합	게임기획자, 고도 물처리 연구원, 디지털고고학자, 로봇감성인지연구원, 빅데이터 전문가, 재난대처전문가, 치료전문가, 홀로그램 전시기획자
복지 관련	이미지컨설턴트, 전직 지원 전문가, 헤드헌터, 동물관리 전문가, 디지털 장의사, 체형관리사, 이러닝 교수 설계자, 디지털 아티스트
실버산업	개인자산관리자, 기능식품 연구원, 노인 상담/복지전문가, 장기이식코디네이터
생활 / 개인 서비스	3D 푸드 프린터 요리사, 3D 패션디자이너, 개인 방송 제작자, 데이터 보험계리사, 스마트의류 기술자, 블록체인 전문가, 디지털화폐 표준개발자, 공포관리상담사, 로봇 활용상담사, 개인 사생활보호 컨설턴트
의료/ 생명	유전자 염기 서열분석가, 건강관리컨설턴트, 신체 장기중개사, 노년층 추억 인테리어디자이너, 곤충요리개발자, 유전상담사, 인체 냉동보존기술자, 인공신체 부위 개발자, 유전자 변형기술자
융합	시뮬레이션 프로그램개발자, 감성 인식 기술전문가, 기상조절 경찰, 인공지능윤리학자, 바이오 유전자 보안전문가, 슈퍼베이비 변호사, 생체인식 전문가, 식물심리학자
ICT / 에너지	기후변화경영 컨설턴트, 폐기물재활용 디자이너, 환경감시관리전문가, 3D 프린터 재료개발자, 인간-기계 인터페이스전문가, 디지털 큐레이터, 수자원거래사, 우주 에너지시스템개발자, 바이오 제련기술자, 신소재 배터리 기술자
교통 / 공공 서비스	가상세계 변호사, 진공튜브열차 기술자, 대체연료 자동차개발자, 무인차 자동 교통 시스템설계자, 교통흐름 분석가, 우주공학 건축가, 우주여행 가이드, 우주 생태학자, 소셜네트워킹 복지사, 무인항공기(드론) 표준전문가

감JOB아쓰

　　우리 아이들이 살아갈 미래에 새로운 변화를 이끌어가는 체인지메이커로서 역량을 발휘할 수 있다면 얼마나 좋을까요? 초심을 잃지 않고 마무리까지 잘 왔음을 스스로 격려하는 차원으로 알쓸신JOB 마음 선언문도 낭독해 보세요. 이제 체인지메이커에 대해 구체적으로 알아보도록 하겠습니다.

 ### 체인지메이커의 의미

　'체인지메이커'란 혁신적인 아이디어로 세상에 의미 있는 변화를 만들어내고 새로운 가치를 만드는 사람들을 일컫는 말입니다. 스티브 잡스가 대표적인 인물이죠.

　'체인지메이커(Changemaker)'라는 단어는 미국 비영리단체 아쇼카 창업자인 빌 드레이튼(Bill Drayton)이 1981년 인도 봄베이에서 처음 사용했습니다. 아쇼카의 목표는 '모두가 체인지메이커가 되는 세상(Everyone is changemakers)'이었어요. 아쇼카가 정의한 체인지메이커는 '새로운 아이디어로 기존의 관행과 시스템을 바꾼 사람들'이에요. 즉, 공감으로 시작하여 협력적인 리더십을 발휘함으로써 실제 행동을 통해 문제를 해결해 가는 사람들을 말합니다.

　우리나라에서도 많은 곳에서 체인지메이커 활동이 이루어지고 있어요. 소셜벤처, 사회적기업가, 투자자는 물론 인플루언서, 소비자, 자원봉사자도 체인지메이커가 될 수 있어요.

체인지메이커의 핵심역량

체인지메이커의 핵심역량은 비판적사고력(Critical Thinking), 창의성
(Creativity), 도전정신(Challenges), 의사소통능력(Communication Skills),
협업능력(Collaboration Ability)의 5C로 정리할 수 있어요.

<체인지메이커 핵심역량 5C>

비판적사고력
(Critical Thinking)

어떤 상황에서 감정 또는 편
견에 사로잡히지 않고, 권위
에 휘둘리지 않으며, 합리적
이고 논리적으로 분석·평가·
분류하는 사고과정

창의성
(Creativity)

새롭고, 독창적이고, 유용한
것을 만들어내는 능력. 전통
적인 사고방식을 벗어나서
새로운 관계나 아이디어를
산출하는 능력

도전정신
(Challenges)

어려운 일을 이루거나, 기록
을 깨기 위해 정면으로 승부
를 거는 마음가짐. 자신의 의
지에 의해 실행되는 정신적
가치

의사소통 능력
(Communication Skills)

업무를 수행할 때 글과 말을
통해 상대방의 의견을 듣거
나 자신이 뜻한 바를 표현할
때 그 의미를 정확하게 파악
하고 전달할 수 있는 능력

협업능력
(Collaboration Ability)

2인 이상이 어떤 과제를 수
행할 때, 모든 과정을 전문적
인 부문으로 나누어 여러 사
람이 분담하여 일을 완성할
수 있는 능력

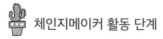

체인지메이커 활동 단계

• 문제 발견하기

"나는 왜 이 문제를 해결하기를 원하지?"라는 질문에서 출발합니다. 주변에서의 고민과 불만을 찾고 동시에 지역사회에 관심을 가지면 생각보다 쉽게 문제를 발견할 수 있어요. 이 과정을 통해서 체인지메이커로서의 정체성을 만들어 갈 수 있습니다.

• 솔루션 찾기

"우리의 솔루션은 어떤 변화를 만들 수 있지?"라는 질문에 대한 답을 찾아가는 과정입니다. 지금 자신이 가지고 있는 자원을 탐색하며 해결책을 구상하면서 내가 가지고 있는 문제의식에 대한 솔루션을 찾아내는 것이 두 번째 해야 할 일입니다.

• 행동하기

"나를 지지해주는 사람과 필요한 자원은 어디서 찾을 수 있지?"라는 질문에 답을 찾아야 합니다. 자신이 구상한 솔루션에 대해 탐색하고 몰두하는 것, 그리고 시행착오를 통해 배우는 것을 통해 우리는 행동할 수 있습니다.

• 확산하기

"더 많은 사람들이 자신의 이야기를 갖게 된다면 세상은 어떻게 변할까?"라는 질문을 던집니다. 체인지메이커의 핵심은 자신의 행동을 단순히 자신만의 행동으로 끝내지 않고 더 넓은 파급력으로

퍼뜨린다는 것에 있습니다. 이에 자신의 솔루션과 행동을 지속적인 변화로 이끌어내고 열린 마음으로 피드백을 수용하고 반영하는 것. 이것이 체인지메이커가 되는 길의 마지막 단계라고 할 수 있습니다.

"한 번도 실수한 적이 없는 사람은 한 번도 새로운 것에 도전해 본 적이 없는 사람이다." 누구나 잘 알고 있는 아인슈타인이 한 이야기인데요. 그만큼 우리는 숱한 시행착오를 거쳐 오늘에 이르렀고, 우리 아이들 역시 마찬가지일 거예요. 시도하고, 도전하고, 더 나은 미래를 위해 바꿔 보려는 그 모든 행위가 박수받는 환경이 될 수 있도록 응원하고 기대합니다.

- 오늘 배운 것은 무엇인가요?

- 수업 시간에 느낀 점은 무엇인가요?

- 배우고 느낀 점으로 실천할 것은 무엇인가요?

NOTE

1. 일과 직업
   : 일 - 몸을 움직이거나 머리를 쓰는 활동
   : 직업 - 경제적 소득을 얻고 사회에 기여하기 위해 일정 기간 지속해서
     하는 일

2. 직업의 요건 및 종류
   : 계속성 - 수입을 전제로 한 지속적인 정신적, 육체적 활동
   : 경제성 - 노동의 대가로 따르는 경제적 보수
   : 윤리성 - 비윤리적인 영리 행위나 반사회적 활동이 아닌 것
   : 사회성 - 사회적 기여가 가능한 것
   : 비속박성 - 개인 의사에 반하여 강제성을 띄지 않는 것

3. 체인지메이커
   : 세상을 바꾸는 사람, 세상의 변화를 추구하는 사람. 공감으로 시작
     하여 협력적인 리더십을 발휘함으로써 실제 행동을 통해 문제를 해결
     해 가는 사람들

◉ 수업 후 느낀 점 & 남기고 싶은 말

7교시

부모와 자녀 관계

아이와 소통하며 건강한 거리감 갖기,
내 안에 잠든 거인을 깨우는
놀라운 질문의 힘

드디어 마지막 강의입니다. 잘 달려오셨어요. 지금까지 했던 수업을 일회성으로 보지 마시고 틈나는 대로 아이와 함께 해보시기 바랍니다. 이제 부모와 아이들의 관계에 꼭 필요한 요소들을 짚어 보겠습니다. 아무리 좋은 방법이더라도 내 아이에게 맞지 않으면 하지 않는 것이 나을 거예요. 아이와 충분히 소통하며 내 아이에게 맞는 방법들을 찾아 꾸준히 실천해 보시기 바랍니다.

 ## 자녀와의 거리

진로를 탐색하는 과정에 앞서 무엇보다도 우선할 것은 자녀와의 관계인데요. 좋은 관계를 지속적으로 유지하는 데에는 건강한 거리감이 필요하다고 생각해요. 특히 사춘기 나이가 점점 낮아지고 있어서 요즘 초등 3-4학년부터 아이와의 갈등이나 마찰로 힘들어하는 부모들을 많이 보는데요. 아이들을 쥐락펴락하다 아이에게 팔목 잡히는 순간이 오면 만감이 교차한다는 선배 엄마들 이야기가 그냥 우스갯소리가 아니더라고요.

🌵 내 아이의 사각지대

요즘 제가 눈여겨 보았던 문장이 하나 있어요. 자동차 사이드미러에 적혀 있던 문장이에요. 'Objects in mirror are closer than they appear.' 사물이 거울에 보이는 것보다 가까이 있다는 뜻이죠. 자동차나 물체가 멀리 있는 것처럼 보여도 실제로는 가까이 있으므로 조심하라는 의미인데, 며칠째 막히는 차 안에서 이 문구를 쳐다보고 있노라니 부모 - 자식 관계와의 묘한 접점이 떠올랐어요.

사이드미러에 보이는 사물처럼 아이도 부모가 보는, 아니 생각하는 속도보다 더 빨리 성장하지요. 부모의 품을 떠나 독립할 태세를 이미 갖추었는데 정작 부모는 아직 오지 않을 미래라고 생각하고 아이를 틀 안에 가둬 놓고 인격체로 봐주질 않는 경우가 많아요. 사이드미러조차도 왼쪽과 오른쪽 거울이 다른데, 우리는 우리 아이들을 본인만의 잣대로 재단하고 맘에 내키지 않으면 맘대로 바꾸려고 하는 것이죠.

대형마트나 편의점에 설치되어 있는 거울이나 굽은 골목에서의 차량 운행 상황을 알려주기 위해 설치되어 있는 거울들이 모두 볼록거울인 것처럼 세상사도 마찬가지가 아닐까요? 아이가 세상이라는 대형마트 한복판에서 길을 잃지 않도록, 삶의 굽이굽이 골목에서 사각지대에 놓여 위험에 처하는 일이 없도록 부모는 아이의 볼록거울이 되어야 하는 건 아닐까 해요.

사각지대가 운전자에겐 치명적이듯, 부모가 모르는 사각지대는 아이에게 치명적이죠. 부모로서 내 아이에게 사각지대는 없는지 늘 돌아봐야 해요. 이쯤에서 부모와 자녀 관계를 올바른 사이드미러 조절법에 빗대어 생각해 볼까요?

올바른 사이드미러 조절법

- 운전석에서 사이드미러를 바라보았을 때 자신의 차량이 1/5 정도 보이는 것이 좋습니다. 사이드미러를 상하로 2등분했을 때 상하 간격이 1:1로 보이는 것이 좋습니다.
- 자신의 차량이 보이는 정도에 대한 차이는 개인 성향에 따라 달라질 수 있는 부분이기에 조절을 통해 본인에게 가장 최적화된 각도를 찾아야 합니다.

올바른 부모자녀 관계 조절법

- 부모가 생활 속에서 아이 모습을 바라봤을 때 자신의 아이가 1/5 정도 보이는 것이 좋습니다. 또한, 아이 생활을 상하로 2등분했을 때 상하 간격이 1:1로 보이는 것이 좋습니다.
- 자신의 아이가 보이는 정도에 대한 차이는 개인 성향에 따라 달라질 수 있는 부분이기에 조절을 통해 부모 자신에게 가장 최적화된 각도를 찾아야 합니다.

🌵 건강한 거리감

"행동하는 자만이 배우기 마련이다." 철학자 니체의 말이에요. 여기서 말하는 행동은 능동적이고 적극적인 실천이라고 할 수 있을 거예요. 아이와의 관계, 또는 진로에 있어서도 매우 중요한 부분이지요. 자기주도학습 이전에 자기주도 생활이 필요한 이유랍니다. 이와 관련된 에피소드를 소개해 드릴게요.

큰 아이가 초등학교 3학년 때 초고속 승진하여 교감으로 부임하신 교감 선생님이 계셨어요. 그런데 한 학기를 채 못 채우고 실력을 인정받아 교육청으로 발령받아 가시게 됐고, 마지막 송별회 자리에서 선생님들과 식사 자리를 가졌어요. 당시 학부모회 임원이었던 엄마들은 대부분 경단녀들이었고, 자신의 아이가 천재 아닐까 하는 착각을 한 번쯤 하는, 초등 저학년 자녀를 둔 엄마들이었어요. 그래서 주된 관심사는 두 아이를 엄친아로 잘 키운 교감 선생님의 노하우였던 상황이었죠. 한 엄마가 질문을 던졌어요. "어떻게 하면 교감 선생님처럼 본인 일도 하시면서 두 아이를 그렇게 잘 키울 수 있어요?" 그때 교감 선생님 답변은 지금도 제가 부모 강연 및 학부모들을 만나는 자리가 되면 늘 소환되어 나오곤 합니다.

교감 선생님은 이렇게 대답하셨어요.

"어머니들 무조건 나가서 일하세요."

교감 선생님의 단호한 태도에 대부분 경단녀였던 어머니들은 실망감을 여실히 드러냈죠. "선생님처럼 능력이 되어야 일을 하죠." 하며 심드렁하며 말하니 역시나 바로 답이 나왔어요. "아니, 어머니들. 이 앞 마트에서 캐셔 못하세요?"

순간 웃음과 허탈함이 교차했어요. 단순히 직업 그 자체의 의미가 아니라 어머니들의 마음가짐을 이야기하는 것이었죠. 아이들에게서 가자미눈을 거두고 부모로서 자기 일에 몰입해야 한다는 거예요. 아이는 방에서 떨어져 있는 부엌에서도 어머니의 시선을 느낀다고 해요. 어머니가 아이만 바라보는 해바라기가 되면 아이는 오롯이 성장할 수 없다면서, 아이와 건강한 거리감은 반드시 필요하다고 말씀하셨어요.

여기서 제가 더욱 의미 있게 느꼈던 부분은 자기 계발보다 건강한 거리감에 대한 것이었어요. 돌이켜 보니 저의 두 아이도 일하며 자기 계발하는 저를 더 지지하고 반기더라고요. 아침에 일찍 출근하는 아빠가 한밤중 퇴근해서 아이들을 보는 것과 학교에서의 시간을 제외하고 늘 함께하는 엄마와는 물리적인 시간의 양에 있어서 차이가 있죠. 엄마 입장에서는 아이를 대하는 태도가 아빠와는 다를 수밖에 없을 거예요. 아이 입장에서는 아무래도 엄마에게 잔소리를 더 듣게 되니, 당연히 아침에 보고 밤에 만나는 아빠가 더 반가울 수밖에 없고요. 학부모 강연 때에도 이런 말을 자주 들어요. "마음을 다잡고 그러지 말아야지 하는데, 또 얼굴 보면 잔소리부터 나와요." 성인군자가 아닌 이상 쉽지 않은 일이죠.

아이와 적당한 거리감을 의도적으로라도 갖게 할 장치가 필요하다는 것, 모두 공감하실 거라고 생각해요.

워라밸에서 워라하로

　　　　　　몇 년 전 직장인들 사이에서 신드롬처럼 등장한 '워라밸'이란 용어가 있어요. 워라밸(Work and Life Balance)은 일과 삶의 밸런스와 조화를 강조한 말로 직장인들의 생활에 많은 변화를 이끌었어요. 이 워라밸에 변화를 살짝 줘서 트렌드 키워드로 워라하(Work and Life Harmony)를 강조하곤 해요. 자녀와의 거리 두기를 이야기했던 교감 선생님 역시 이런 이야기를 해주셨어요.

　"어머니들, 아이에게 하모니를 배울 수 있는 걸 시키세요. 예를 들어, 학교 오케스트라나 축구 같은 활동 말이에요."

　이 이야기 또한 엄친아 자녀를 키우는 데 꼭 필요한 것이 무엇이냐는 질문에 대한 답이었어요. 사실 대단한 답은 아닐지도 몰라요. 하지만 생각을 거듭할수록 정말 중요한 지점이라는 생각이 들더군요. 혼자 하는 수영보다 축구를, 혼자 배우는 것보다 함께 하모니를 이루고 협동이 반드시 필요한 합창을 시키라는 말에는 많은 의미가 담겨 있었어요. 요즘은 부모들이 자녀에게 부족함이 거의 없을 정도로 챙겨주는 경우가 많아서 365일이 생일이고, 어린이날이라는 거예요. 공동체 의식이나 협동 정신 등은 쉽게 길러질 수 없다는 이야기였죠. 아이의 성장 과정에서 반드시 필요한 게 바로 이것이라고 일갈하셨던 기억이 있어요.

　현장에 나와 보니 매우 공감이 가는 조언이라는 생각이 들었어요. 요즘엔 아이들뿐만 아니라 부모조차 개인적이다 못해 이기적인 경우를 꽤 많이 목격합니다. 나만, 내 아이만 잘하면 되지 하는 경우를 정말 많이 봤어요. 이 문제는 가정 교육이 우선되어야 하고, 학교 교육, 시민사회, 공동체 교육 등 다각적으로 함께 이루어져야 할 부분이라고 생각해요. 함께하는 사회, 공동체 의식을 굳이 얘기하지 않더라도 어려서부터 타인과 관계를 맺으며 공동의 목표를 달성하는 집합체 경험은 반드시 필요해요. 꼭 스포츠나 음악이 아니어도 기회는 많이 있습니다. 학교 교육에서 모둠 교육의 활성화를 강조하는 이유이기도 합니다.

제 아이들은 악기 연주를 싫어하여 오케스트라 활동은 못했지만, 친구들과 함께하는 축구, 농구 등의 집단 스포츠는 중, 고등학생이 된 지금도 즐겨하고 있습니다. 덕분에 인간관계, 사회성을 잘 키워왔다는 생각이 들어요. 또한 자신의 삶을 살아가는 엄마 덕분에 건강한 거리감도 잘 유지되고 있어 다행이란 생각도 합니다.

 질문의 힘

평소 질문의 힘에 대해서 많은 이야기를 합니다. 독서 토론에서도 빠지지 않고 나오는 발문의 힘. 그런데 공교육의 학교 수업시간에 질문 시간을 갖기란 여전히 쉽지 않죠. 그래서 저는 자유학년제 아이들 수업이나 초등학교 직업 체험 수업 때마다 의도적으로 아이들에게 질문을 많이 던집니다.

처음에는 적응이 안 되어 힘들어하지만, 쉬운 질문을 던지거나 넌센스 퀴즈 등으로 승부욕을 자극하면 금세 적응하여 적극적으로 질문에 응하고 답을 맞추려고 하더라고요. 제가 하는 질문들은 주로 이렇습니다.

- ○○○ 하면 뭐가 생각나? ○○○ 하면 떠오르는 게 뭐야?
- ○○○를 한마디로 정의하면? 왜 그렇게 생각해?
- 지난 시간에 배운 ○○○을 기억나는 대로 설명해 줄 수 있는 사람 얘기해 볼까?
- (영상을 보여주고) 선생님이 이 영상을 왜 보여 줬을 거 같아? 무슨 얘기를 하고 싶은 걸까?

정말 수없이 질문을 유도하고 아이들의 답변은 무조건 칭찬합니다. 창의적으로 자신의 생각을 표현하거나 자신의 이야기를 뒷받침하는 적절한 사례를 들었을 경우, 배운 게 아니더라도 자신의 생각을 새롭게 제시하는 경우에는 덤으로 칭찬을 얹어줍니다.

이것이 질문의 힘입니다. "진심이 깃든 질문에는 하나의 우주가 들어 있다. 우주를 건네면 때때로 우주가 반응한다.(글의 품격, 이기주, 황소북스, 2019)"에서 말하듯 질문의 힘은 실로 위대합니다. 아인슈타인이 탁월한 결과를 얻어낼 수 있었던 것도 끊임없이 질문했기 때문이라고 하죠. 질문은 지극히 간단했지만, 효과는 대단히 강력했다고 해요. 우리도 이렇게 간단하지만 강력한 효과가 있는 질문을 하게 되면 잠재능력을 발휘할 수 있습니다.

질문이 갖는 힘의 효용 가운데에서 주목할 것은 바로 '소통'입니다. 특히 아직 생각이 말랑말랑한 아이들과의 소통에 있어서 질문은 필수적이고요. 질문을 통해 라포 형성은 물론이고 뭔가를 생각하게 한다는 점, 이게 바로 소통의 시작이기 때문이에요. 결국에는 질문의 힘이 스스로 자신의 잠재력을 알게 하고 원하는 것을 실현 가능하게 하는 데에 자양분이 됨을 알 수 있습니다.

"질문은 마음속에 있는 거인에게 우리가 원하는 것을 알려주는 마술도구이다. 또한 그것은 내 안에 있는 거인을 깨워주는 자명종과 같은 것이다."

〈출처 : 네 안의 잠든 거인을 깨워라, 토니 로빈스, 씨앗을뿌리는사람, 2008〉

 삶을 새롭게 건축하는 법

하나. 메마르지 않고자 늘 담금질하는 여자.
둘. 배워서 남 주자.
셋. 선한 영향력 끼치고 살자.
넷. 내가 내 머리 깎자.

이 네 가지는 저의 평소 신조입니다. 지난해 코로나라는 정말 느닷없는 녀석과 만나다 보니 꽤 길어진 사유의 시간을 자의 반 타의 반 갖게 되었어요. 그 기간은 저에게 지난 날에 대한 성찰의 시간이었지요. '난 과연 평소 나의 신조대로 살아오고 있었는가.'라고 스스로에게 질문을 던지고 많은 부분 반성하면서, 또 잘해왔다고 스스로 격려하면서 앞으로 남은 삶을 떠올렸어요. 그러다 지금까지의 삶에 증축을 할지, 혹은 리모델링을 해야 할지 생각하게 되었죠. 멍 때리고 여유 부릴 시간이 필요한 이유이기도 해요.

전 '선한 영향력을 끼치자! 배워서 남 주자!'라는 평소 신조를 다시 떠올렸습니다. 열심히 배우고 영향력을 끼쳤던 일들을 생각했지요. 그리고 앞으로는 교양인으로서의 나의 삶을 새롭게 건축하고 싶다는 생각이 들었습니다. 여러분은 어떠세요? 저와 함께 삶의 건축을 시작해보는 건 어떨까요? 사회적 동물이자 지구별 인연으로 이 지구를 위해 어떤 건축물을 남길 것이냐는 나 한 사람 존재한다는 의미 그 이상이에요. 그러니 주춧돌을 잘 다져놔야겠죠?

 나만의 건축 착공식 루틴

미국의 대표적인 미디어 회사 MGM 설립자인 사무엘 골드윈(Samuel Goldwyn)은 이런 명언을 남겼어요. "삶을 살아가는 기술의 90%는 여러분이 참아낼 수 없는 사람들과 잘 지내는 것이다."

제가 무척 공감하는 이야기입니다. 제가 처음 대중 앞에서 강의하게 된 컨텐츠가 바로 '관계'였어요. 나와 타인, 세상과 맺는 관계까지 생각해 보면 결국 '관계'는 '연결'이더라고요. 감사하게도 지금까지 즐겁게 강의로 연결되어 소통하고 있는데요, 앞으로 어떤 관계 콘텐츠를 만들고 관계 건축물을 만들어 나갈지 제 스스로도 궁금하고 기대가 됩니다.

이제 지금까지의 생각을 바탕으로 정리한 저만의 '건축 착공식 루틴'을 소개합니다. 이 루틴은 물론 지금도 현재진행중입니다.

- 첫째, 영혼의 맷집 키우기 몇 년 전 우연히 접했던 마음 명상은 마음이 오락가락 길을 헤맬 때 이정표가 되어주거나 때론 그냥 그 자체로 위로가 되기에 충분했습니다. 마음 근육을 챙기고 영혼의 맷집 키우기에 이만한 게 없어 눈뜨면 짧은 명상을 합니다.
- 둘째, 몸의 근육 키우기 건강한 신체에 건전한 정신이 깃드는 것은 불문율이죠. 운동에 열을 올리다 지난해 게을리했더니 많이 느슨해진 몸을 보고 정신이 번쩍 들었어요. '건강이 최고다'라는 말은 늘 하면서 다들 실천은 하지 않죠. 하루 만 보 걷기에 돌입해 보세요.
- 셋째, 하루 1시간 독서, 30분 글쓰기 매일 1시간 이상 독서와 30분 이상 글쓰기를 삼시 세끼 먹듯 습관으로! 습관의 힘은 생각보다 대단합니다. 스스로 성장시키고, 단련시키고, 올곧게 숙성하는 데 이만한 게 없습니다. 성찰도, 반성도, 계발도, 경험도 가장 효율적으로 하는 데 도움이 되니까요.

시간은 우리를 기다려 주지 않습니다. 비교와 경쟁이 아닌, 내 안의 좋은 습관과 루틴으로 인생을 더 잘 꾸려갈 수 있습니다. 내 안에 답이 있다는 것을 기억하며, 다시 한발 한발 내딛어 보세요. 여러분을 힘차게 응원합니다!

마치며

육아(育兒)이기
이전에
육아(育我)

●○○

　지나고 보니 육아(育兒)이기 이전에 육아(育我)더라고요. 아이도 처음이지만 부모 역시 처음이기 때문이죠. 서툴고 어설픈 초보 부모이기에 아이와 함께 성장하는 것이죠. 부모교육이나 관련 강연을 하시는 분들이 하나같이 말하는 게 바로 아이와 함께 크는 것을 느낀다는 거예요.

　아이는 부모의 말을 따라 하는 게 아니라 몸짓, 행동을 따라한다고 하죠. 아이들이 어렸을 때 서울시립 청소년 미디어센터 스스로넷에서 맘애포터(엄마 리포터라는 뜻으로 서울시에서 하는 다양한 체험을 아이와 함께 경험하고 후기를 공유하는 역할)를 했고 지금도 역시 인연을 함께 하고 있는데요. 아이와 함께 체험 현장에서 다양한 경험을 하며 때론 아이보다 부모인 제가 더 즐거워한 적도 있고, 그 모습을 따라 아이도 더욱 즐거워했던 기억이 있어요. 서로에게 분명한 영향을 미치고 있는 거죠.

인생을 살다 보면 롤러코스터를 타듯 여러 변화의 시기를 거치면서 때때로 터닝포인트를 맞이하게 됩니다. 부모로서 아이를 키우면서 고비고비 터닝포인트를 의미 있게 보내는 것이 서로의 성장을 이끌어 주는 지점이 되는 것 같아요.

아이가 초등학교 들어갈 무렵 선배맘들에게 물었어요. 학교에서 아이와 함께 수고할 만한 일이 뭐 없을까 하고요. 이구동성 녹색어머니회를 거론했어요. 지금은 전교 학부모가 모두 하는 구조로 바뀌어서 '의무'가 되어버렸지만, 제가 두 아이를 초등학교에 보낼 때는 온전히 '선택'하는 자원봉사였어요. 전 순수한 봉사활동에서 출발한 셈이지요. 그렇게 아이 학교에서 왕초보 엄마는 봉사로 발을 디디게 되었답니다. 그러다 아이가 초등학교 3학년 때부터 학급회장에 선출되면서 학교와 더 가까워졌죠. 또 책이 있는 환경에서 아이를 키우고 싶었기에 명예 사서 어머니회 봉사도 했어요.

저는 아이와 함께 학교에서 봉사하며 함께 많은 것을 나눌 수 있었어요. 특히 녹색어머니회 활동을 하면서 지역에서 활동하는 분들을 예상치 않게 많이 만나게 되었고, 500여 명 되는 녹색어머니회의 대표 역할도 했습니다. 또 서울시 연합 녹색어머니회 등에서 맡은 역할을 하며 한 걸음 더 크게 내딛는 계기를 만들게 되었지요. 의지와는 무관하게 시작됐지만, 이왕 할거면 제대로 하자는 생각을 갖고 있던 터라 모든 활동을 늘 성심성의껏 했어요. 덕분에 그 공을 인정받아 구청장상, 경찰청장상, 교육부장관상 등 많은 상을 받았던 기억도 있답니다.

● ● ○

　그저 아이와 함께 노력하는 초등 시기를 보내겠다는 생각에 시작한 각종 봉사가 아이의 성장 이전에 초보 학부모였던 저를 더 크게 성장시켰어요. 그 무렵 시작한 서울시립청소년미디어센터 맘애포터 활동이나 ebs 스토리기자단 활동, 구 소식지 명예기자, SNS 기자 등으로 활약하면서 다양한 분야의 사람들과 좀 더 넓고 깊어지는 관계를 맺게 되었죠. 소위 말하는 인맥이 절로 쌓이게 된 거예요. 맘애포터 활동으로 인해 아이는 양질의 다양한 체험을 하며 경험의 산을 자연스레 쌓을 수 있었고, 동시에 저는 엄마 리포터로서 다양한 사람들과 교감하며 인터뷰, 글쓰기 실력을 쌓을 수 있었어요. 급기야 초보 학부모 역량 강화를 위한 강연도 하게 되었지요. 그 후로도 아이의 성장 과정 속에서 저 역시 함께 성장해 왔어요. 아이의 좌절 속에도, 아이의 작은 성취 속에도 제 성장이 함께 있었음을 고백합니다.

● ● ●

　모쪼록 녹록치 않은, 그러나 그 어떤 농사보다도 보람 있는 육아(育兒)라는 농사를 기꺼이 즐기시길 바랍니다. 그와 동시에 자신의 성장에 몰입하다 보면 어느새 알찬 결실을 맺어 수확하는 날이 반드시 올 거라고 확신합니다. 세상의 모든 엄마들에게, 또 아빠들에게 응원을 보냅니다. 세상의 모든 부모는 위대하며, 부모라는 존재 자체가 아이들의 교과서임을 믿으며 이 수업을 마칩니다.

워크시트

엄마 교과서를 생각하며
'나'와 '엄마'에 대하여 생각하고 묻다

1_ 나는 누구인가?

나에 대한 탐색은 자녀에게만 또는 진로를 위해서만 필요한 게 아닙니다. 지구별 인연으로 살아가는 인생 여정에 좀 더 풍성하고 행복함을 느낄 수 있다면 루틴으로 반드시 해야 하는 일입니다. 지금 이순간, 당신은 어떤 사람인지 생각나는 대로 써 보세요. 자녀에게도 권하고 함께 이야기를 나눠 보세요.

• 어떤 일을 하고 있나요?

• 가장 좋아하는 작가와 책은?

• 가장 최근에 배우고 싶었던 것은? 그 이유는?

• 다른 사람에게 내가 가르쳐 줄 수 있는 것은?

• 지금의 나를 만든 5가지 경험을 말한다면?

• 밤새워 이야기할 수 있는 이야깃거리는?

2_ 나를 찾아 떠나는 여행

자기를 이해하는 일은 바로 나만의 북극성을 찾는 일과 같다고 했지요? 이번에는 좀 더 폭넓게 나를 찾아 여행을 떠나 보세요. 내가 무엇을 좋아하는지, 언제 행복한지 등의 질문에 답하며 내면을 들여다보세요.

· 내가 가장 행복할 때는?

_____

_____

· 나의 좋은 점은?

_____

_____

_____

· 나는 커서 _____

　왜냐하면 _____

_____

• 소원이 이루어진다면?

　첫째 소원은,

　둘째 소원은,

　셋째 소원은,

• 만일 동물로 변할 수 있다면 어떤 동물로 변하고 싶은가?

　그 이유는 무엇인가?

3_ 엄마란?

○○○이라는 이름으로 살아오다가 어느 날 문득 ○○○ 엄마가 되었습니다. '엄마'라는 말만 떠올려도 마음이 뭉클해질 때가 있지요. 당신에게 엄마란 어떤 의미인가요? 자녀에게 나는 어떤 엄마일까요? 엄마의 존재와 의미에 대해 생각해 보고, 나만의 '엄마' 정의를 내려 보세요.

>> 여윤쌤의 '엄마' 정의

엄마는 수호천사이다. 아이의 마지막 보루, 디딤돌, 큰 나무, 그 어떤 말로도 수호천사를 대신할 수 없다. 엄마가 되고 보니, 엄마의 존재를 알게 되었다. '육아(育兒)이기 전에 육아(育我)'임을 느끼고 살고 있다. 이 시대를 살아내는 모든 엄마는 수호천사이다. 자신을 온전히 지키고 자녀와 타인을 지키는 셀프리더십의 표본으로 존재한다.

'엄마' 정의

4_ 엄마 선언문

긍정 확언이 힘을 갖는 것처럼, 무언가를 결심하고 선언하는 것 또한 내면의 힘을 기르는 데 도움을 줍니다. 엄마 선언문을 작성하면서 내가 엄마로서 어떤 역할을 하고 싶은지 생각해 보세요. 또 부족한 부분이 있다면 어떻게 고쳐가고 싶은지 생각해 보세요.

>> 여윤쌤의 '엄마 선언문'

나 신여윤은 평생 엄마로서 역할을 충실히 수행할 것을 선언한다. 그에 앞서 엄마이기 이전에 나 신여윤으로서 존재함을 매일 되새길 것이다. 나의 성장과 더불어 아이의 성장을 도울 것이다. 이것이 내가 감당해야 할 사명임을 잘 알고, 기꺼이 이행한다. 그 과정에서 다양한 문제와 감정, 상황, 갈등이 유발된다는 것 또한 수용한다. 나 신여윤은 나의 수호천사이면서 동시에 아이에게 든든한 버팀목이 되는 수호천사가 될 것을 약속한다. 심신과 정신의 온전한 건강을 위해 알맞은 식사, 운동, 욕구 해소, 수면, 배움, 소통, 관계 맺기 등을 한다. 또한 아이 스스로 설 수 있도록 마중물이 된다. 기꺼이 희생 아닌 헌신을 할 것을 선언한다.

Name:

20 . . . sign

5_ 가족 장점 릴레이

우리는 혼자 살 수 없는 사회적 동물입니다. 나에 대해서 그리고 '엄마'로서의 나에 대해서 생각해 보았다면, 이제 가족 안에서의 나도 한번 점검해 보세요. 가족과 함께하면 서로의 생각을 공유할 수 있어 좋습니다.

>> 활동 방법

우리 가족의 장점을 적어 보세요. 단, 게임처럼 서로 릴레이 방식으로 하는 거예요. 아빠가 엄마의 장점을 말하면, 엄마가 동생의 장점을 말하고, 동생이 오빠의 장점을 말하는 방식입니다. 서로에 대해 관심을 가져야 서로의 장점에 대해 알 수 있습니다. 가족 간에 서로 공감은 물론, 아이가 보는 부모, 부모가 생각하는 아이의 장점들을 알며 관계를 더욱 원활하게 합니다. 장점 나무가 채워지면 각 장점에 대해 왜 그렇게 생각하는 이야기를 나누어 보세요. 물론 강요나 강제성을 띄는 건 절대 금물입니다.

예) 아빠는 뭐든 뚝딱 잘 고친다 / 엄마는 노래를 잘한다 / 언니는 그림을 잘 그린다 / 동생은 강아지를 잘 돌본다 / 나는 농구를 잘한다

가족 장점 나무

6_ 버킷리스트 & 안티버킷리스트

버킷리스트(Bucket list)는 '죽기 전에 하고 싶은 일들을 적은 목록'을 말합니다. '죽다'라는 뜻의 영어 표현인 'Kick the Bucket'와 관련이 있는데, 중세 유럽에서 자살이나 교수형을 할 경우 목에 줄을 건 다음 딛고 서 있던 양동이(Bucket)를 발로 찼던 관행에서 유래했다고 하네요. 요즘에는 연초나 연말에 새해 계획을 세우며 버킷리스트를 작성하는 경우가 많습니다.

>> 활동 방법

아이와 함께 각자의 버킷리스트를 만들며 의미 있는 시간을 만들어 보세요. 또 '이것만큼은 정말 안하고 싶다', '내 생에 이것만큼은 피하고 싶다'는 것들의 목록도 만들어 보세요. 일명 안티(Anti)버킷리스트입니다. 때로는 안티버킷리스트에 있는 하기 싫은 일을 참고 해내는 도전도 해볼 필요가 있습니다. 평소 하기 싫어하는 일을 해내면 마음의 근육이 만들어지니까요.

Bucket List

Anti Bucket List

7_ 인생버스에 누굴 태울까?

인생은 긴 여정입니다. 이 여정에서 많은 사람들과 만나고 헤어지지요. 마지막까지 내 옆에 남아 있게 될 사람도 있고, 다시 보고 싶지 않은 사람도 있고, 관계를 오래 유지하길 원하는 사람도 있을 거예요. 살면서 내 인생에 어떤 사람들과 함께하고 싶은지 정리해 보세요. 당신은 당신의 인생버스를 어떤 사람들로 채우고 싶은가요?

>> 활동 방법

자, 지금부터 나의 인생버스에 손님을 태울 거예요. 당신은 운전사입니다. 당신은 인생버스에 누굴 태울 건가요? 이 인생버스는 한번 타면 내릴 수 없어요. 1, 2층 좌석에 손님을 나눠서 앉혀 보세요. 달라이 라마와 같은 영적 스승을 태울 건가요? 아직도 당신의 도움이 절실한 아이들을 모두 태울 건가요? 희노애락을 함께할 인생길에 나를 웃게 해줄 개그맨 한 명 정도는 어떤가요? 나에게 멘토가 되는 사람, 나의 가슴을 뛰게 하거나 자극을 주는 사람, 나에게 위로가 되는 사람… 누구든 좋습니다.

아이들과 각자의 인생버스에 탈 손님 명단을 작성해 보세요.

• 1층에 태우고 싶은 손님

~~~~~~

~~~~~~

~~~~~~

• 2층에 태우고 싶은 손님

~~~~~~

~~~~~~

~~~~~~

8_ 나를 위한 체크리스트

마지막으로 루틴으로 현존하는 나를 위한 체크리스트를 드립니다. 아침에 일어나면 또는 취침 전에 매일 해보길 바랍니다. 독일의 영적 교사 에크하르트 톨레(Eckhart Tolle)는 이야기합니다. "당신 존재의 궁극적인 진리는 '나는 이것이다' 또는 '나는 저것이다'가 아니라 '나는 있다(I'm being)'이다." 바로 현재 존재하는 나를 의미합니다.

>> 활동 방법

체크리스트의 질문에는 '지금'이라는 단어가 많이 보일 거예요. 에크하르트 톨레는 말합니다. "외부에서 자신을 찾는 것은 언제나 실패로 끝납니다. 가장 문제는 삶의 의미와 목적을 과거나 미래에서 찾고 현재의 순간을 무시하는 것입니다."

톨레의 말처럼 없는 것을 찾아 헤매는 것보다 지금 이 순간에 집중하고, 지금 이 순간 문제가 있는지 살펴보는 것이 중요합니다. 지금 여기, 현존하는 당신의 삶을 응원합니다.

□ 지금 내 감정은 어떤가요?

~~~~~~

~~~~~~

□ 고민이 있나요?, 해결할 방법이 있나요?

~~~~~~

~~~~~~

□ 나에게 힘이 되는 한마디가 있다면 지금 당장 해주세요.

~~~~~~

~~~~~~

□ 지금 내가 듣고 싶은 칭찬이 있다면?

~~~~~~

~~~~~~

□ 올해 안에 이루고 싶은 것들은 어떤 것이 있나요?

~~~~~~

~~~~~~

□ 지금, 행복한가요?

~~~~~~

~~~~~~

말이나 분류표로 세상을 덮지 않을 때
잃어버린 감각이 삶에 돌아온다
삶의 깊이가 되돌아온다
자기 자신이라고 믿고 있는
모든 것으로부터 자유로워져야 한다
'무엇이 내가 아닌가'를 아는 순간
'나는 누구인가'가 저절로 나타난다

- 에크하르트 톨레의 <삶으로 다시 떠오르기> 중